LA
GUERRE D'ORIENT

SES CAUSES

ET SES CONSÉQUENCES

PAR

Un habitant de l'Europe continentale.

BRUXELLES.

IMPRIMERIE DE A. LABROUE ET COMPAGNIE,

RUE DE LA FOURCHE, 36.

1854

LA

GUERRE D'ORIENT

SES CAUSES

ET SES CONSÉQUENCES.

LA
GUERRE D'ORIENT

SES CAUSES

ET SES CONSÉQUENCES

PAR

Un habitant de l'Europe continentale.

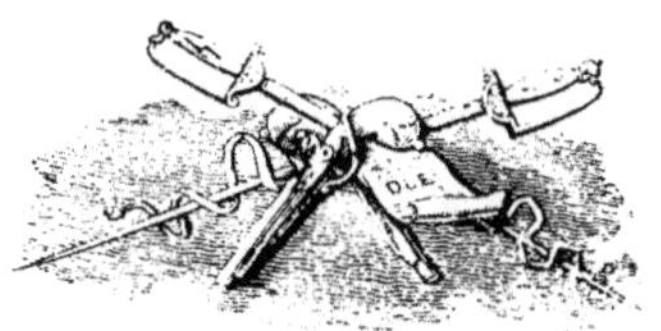

BRUXELLES

IMPRIMERIE DE A. LABROUE ET COMPAGNIE,

RUE DE LA FOURCHE, 36

—

1854

Il y a des temps où personne n'ose dire tout haut ce que tout le monde pense. Dénoncer la folie est quelquefois la suprême folie. La sagesse veut que nous laissions passer l'orage qui gronde.

Le livre qu'on va lire est adressé à l'Europe continentale et principalement à la France. Nous aurions voulu le dédier à l'empereur Napoléon III, s'il était permis à un ouvrage anonyme de se parer d'une dédicace à un souverain.

Mais la France est saisie dans ce moment d'un de ces vertiges qui se reproduisent périodiquement dans ses opinions comme dans son histoire.

Nous n'entamons pas une discussion politique plus ou moins passionnée. C'est une simple analyse basée sur la logique inflexible de l'histoire du passé, d'un passé dont on retrouve les vestiges dans les cicatrices de la génération actuelle et dans son état moral, ainsi que sur les faits contemporains, que la discussion a si souvent dénaturés au gré des entraînements populaires.

Ce livre est placé sous les auspices des esprits inaccessibles au tumulte passionné de la foule. L'auteur a préféré garder l'anonyme; il livre ses idées, mais il ne veut pas livrer son nom aux outrages des passions politiques de l'époque et aux caprices de la polémique et du journalisme. Lorsqu'on a des convictions sincères et que la conscience est libre de tout engagement dans le passé, comme aussi dans notre position actuelle, le silence serait un ignoble tribut à l'autorité de l'opinion dominante, que nous considérons comme la plus tyrannique de toutes les autorités.

Nous savons qu'une voix isolée aura peu d'échos au milieu de la tempête.

Ce n'est pas de cette publication, c'est du temps, qui calme tout, que nous attendrons, dans notre retraite, le revirement inévitable de l'opinion publique. Qu'elle réserve tous ses dédains pour le châtiment des hommes qui la flattent et qui l'exaltent si servilement aujourd'hui.

Mars 1854.

PRÉFACE.

La question d'Orient est parvenue, nous ne dirons pas à sa
maturité, — elle en paraît fort éloignée, hélas! — mais à ce
point culminant où toute question politique doit être tranchée
par la voie des armes. Quelle que soit l'issue de la lutte qui
s'engage, nous ne croyons même pas à la possibilité d'une prochaine solution. Cette fatale question d'Orient paraît destinée
à émouvoir longtemps encore les passions de l'Europe et à faire
naître plus d'une déception pour nos hommes d'État. En présence du dossier de ce grand procès que nous avons sous les
yeux, et dont nous avons attentivement examiné toutes les
pièces, une plus longue discussion de la question de droit serait
une puérilité. Elle n'éclaircirait rien. Ce n'est pas durant les
grands paroxysmes des passions que le langage de la raison et
du bon sens pourrait se faire écouter. Nous ne nous aventure-
rons pas, à l'heure qu'il est, à aller chercher la vérité ensevelie
sous l'avalanche de mensonges et dans le bavardage banal de
l'époque. Nous n'offrons pas non plus une solution du problème
oriental, qui réagit si fatalement sur les destinées de l'Occi-

dent. Nous y voyons une expiation du crime des nations chrétiennes, qui étaient occupées à s'entre-déchirer lorsque le christianisme succomba en Orient. Les quelques larmes versées par le pape Nicolas V, à la nouvelle de la prise de Constantinople par les Turcs, n'ont certes pas expié le crime et la honte de l'Occident du xvᵉ siècle, qui laissa tomber ce dernier boulevard du christianisme oriental, cette vieille capitale de la régénération de l'Europe entière, ce foyer qui a conservé la science antique à travers des siècles de vicissitudes, pour en léguer l'héritage à la société moderne après un si long martyre. Notre époque paraît impuissante à résoudre ce grand problème réservé à une génération moins passionnée et mieux éclairée dans l'appréciation de ses intérêts. Les événements marchent plus vite que la raison humaine, et pour apprécier la portée de ce qui se passe dans ce moment en Orient, sous le choc du colosse du Nord avec les deux géants de l'Occident, il faut nous confier au temps, *dont l'éternelle lumière s'obscurcit parfois dans les ténèbres des destinées humaines, mais qui finit toujours par les dissiper.*

Nous nous bornerons à offrir au lecteur le résumé de nos propres impressions en regard des efforts tentés depuis un an par la sagesse humaine pour aboutir à la plus coupable des folies, à une guerre entre chrétiens, au nom de l'ennemi du christianisme. Nous ne prétendons pas dompter les convictions et les passions, ni éblouir les esprits par des théories nouvelles. Nous nous garderons de parler à la foule, qui puise ses inspirations dans les journaux pour les jeter au hasard dans la balance où se pèse sa propre destinée, et qui, demain, déplorera son aveuglement d'aujourd'hui. Nous ne prétendons soulever aucun coin du voile qui couvre les turpitudes du passé et les déceptions de l'avenir. Nous nous adressons simplement au bon sens des hommes qui se sont déjà donné la peine d'étudier les faits et les documents du procès actuel, et se sont placés à la hauteur d'une question qui a accumulé déjà bien des misères, qui a fait couler des flots de sang sur les bords du Danube, dans la mer Noire et sur les côtes d'Asie, qui a déjà ébranlé toutes les fortunes du continent, et qui prétend étendre son action destructive au Nord et au Midi et entraîner l'Europe entière. Nous nous adressons aux hommes qui connaissent la langue des affaires, surtout lorsqu'il s'agit de l'Orient et de la politique de ces contrées, aux hommes qui apprécient le sens et la portée du langage officiel de la Porte Ottomane et du langage diplomatique de Péra, quant au sort si séduisant que l'on prétend faire aujourd'hui aux raïas chrétiens. Si la diplomatie de l'Occident prétend avoir accompli de nos jours le miracle de la conversion des Turcs à la tolérance, nous révoquons en doute la franchise même de ces aveux tardifs, destinés uniquement à prolonger les illusions de l'année dernière, et à couvrir les fautes et les crimes qui ont si étourdiment provoqué une crise européenne.

CHAPITRE PREMIER.

I

Il est convenu de faire remonter la crise actuelle à la question des Lieux-Saints et de chercher l'origine d'une grande guerre européenne dans les querelles de quelques moines fanatiques, latins et grecs, à propos des sanctuaires de Jérusalem. A notre avis c'est une nouvelle profanation de ces sanctuaires. D'ailleurs l'erreur si fortement accréditée aujourd'hui par les pièces officielles du procès, aussi bien que par les faits apparents, est en rapport avec la guerre sacrilége dont les générations futures auront à rougir et à payer les frais. Il suffit d'étudier avec attention l'attitude respective des grandes puissances européennes depuis le congrès de Vienne pour remonter à la vraie source du mal, et ne voir dans les complications de la question des Lieux-Saints, comme aussi dans la doctrine de l'intégrité et de l'indépendance de l'empire ottoman, qu'un prétexte et une occasion.

II

Depuis la chute de Napoléon, l'obstacle le plus sérieux au progrès, pour ne pas dire à la réalisation du projet de domination universelle au profit de l'industrie et du commerce de la Grande-Bretagne, cet obstacle a été la Russie. En entrant définitivement dans la famille des États européens, après un baptême de sang et de gloire dans sa lutte contre le rival de l'Angleterre, elle y a porté le poids d'une nouvelle influence, dont le système politique de l'Europe a dès le principe éprouvé les effets salutaires à Paris comme à Vienne.

Qu'on ne se méprenne pas sur le sens des projets de domination de l'Angleterre. Ce pays est trop pratique pour rêver la conquête de l'Europe; l'Inde lui suffit; il ne veut pas même de la Chine. Il borne son ambition à réduire l'Europe entière à l'état du Portugal sous le rapport politique, industriel et commercial. Le nou-

veau système économique inauguré par les réformes
de sir Robert Peel, la décadence de l'agriculture et le
développement infini de l'industrie, en un mot, toutes
les tendances du nouveau système de politique intérieure du Royaume-Uni, lui imposent, comme une
condition de vie et de progrès, le monopole de l'industrie manufacturière aux dépens des États du continent. La doctrine du libre échange est destinée à convertir les nations du globe à une nouvelle religion
politique au profit d'un pays qui impose d'une main
ses traités de commerce, et, de l'autre, tout en biffant
de son tarif plusieurs sources de recettes, constate à la
fin de chaque exercice une augmentation de revenus.
L'exemple est séduisant. Il a ses adhérents, et il trouve
des imitateurs. Ces imitateurs n'oublient qu'une seule
chose : l'appréciation de leur propre force dans le par-
cours de la carrière où ils s'élancent étourdiment. Ils
ne pensent ni à la grenouille de la fable, ni à l'exemple
du Portugal, de la Turquie, des Indes et de tous les
pays où un système si favorable au commerce anglais
est déjà en vigueur et produit ses résultats infaillibles :
où il paralyse toute industrie, toute ressource financière, réduit le commerce local et la navigation au rôle
de facteurs de la métropole industrielle; impose des
tributs permanents sous la forme d'un emprunt, qui
vient à l'heure convenue remplir les coffres vides, et
sape dans ses fondements l'édifice politique et l'indépendance nationale. Telle est la domination universelle

pratiquée par l'Angleterre, sur une échelle bien autrement vaste, à l'exemple des républiques maritimes d'autrefois, de Venise, de Gênes et des Pays-Bas. Se fiant à ses citadelles flottantes qui stationnent sur tous les points, à ses rochers hérissés de canons à Gibraltar, à Malte, à Corfou, à Aden, au Cap, à Hong-Kong; à ses domaines privés au nord de l'Amérique, aux Indes, dans la Polynésie et aux Antilles, elle prétend avoir le monde pour marché et tous les peuples pour producteurs de matières premières et pour consommateurs des produits de son industrie et de ses colonies.

Il y a des hommes de bonne foi qui acceptent cette théorie comme un bienfait pour l'humanité entière. Nous y voyons une calamité réelle et dont les résultats matériels et moraux sont évidemment un obstacle au développement du progrès universel: car tout monopole, fût-il celui d'un bienfait, est contraire à la loi divine aussi bien qu'à la nature humaine qui conserve la liberté de son essence divine.

III

Nous croyons aussi que cette tendance à la domination commerciale est fatale à la vieille Angleterre elle-même; elle lui crée une existence factice sous l'appareil si imposant de ses richesses métalliques et territoriales.

d'un crédit fabuleux, d'une prospérité industrielle se développant à l'infini sous l'essor des plus puissantes inventions de la science moderne. Nous croyons que l'Angleterre expie ses envahissements extérieurs, ses attentats contre la liberté du monde, par la démoralisation progressive de son propre peuple, par l'affaiblissement inévitable de ces mêmes institutions qui l'ont portée à un si haut degré de prospérité.

Le patriotisme n'est pas une chose tout à fait abstraite dans le sentiment des masses humaines, comme il peut l'être pour le philosophe et pour l'homme politique. Le foyer domestique, le champ cultivé par les ancêtres, et le cimetière où ils reposent, ont été et seront toujours des éléments de patriotisme bien autrement puissants que l'abstraction appelée *patrie*. Nous avons dit que la réforme parlementaire est une conséquence inévitable de la réforme financière accomplie de nos jours. Elle peut être ajournée d'une session à l'autre, et la guerre actuelle fournit aux frayeurs d'un gouvernement, aristocratique par essence, de nouveaux prétextes d'ajournements *nouveaux;* mais elle doit s'accomplir, et l'Angleterre sera livrée un jour à un parlement puisé dans une classe de la nation détachée du sol de la patrie par l'industrie, qui peut trouver une patrie partout où il y a un atelier. On ne connaît que trop la morale privée et publique du prolétariat dans l'antiquité comme dans les temps modernes, et le gouvernement représentatif si compliqué de la Grande-Bretagne sera bientôt lancé dans les expériences et dans les hasards des majorités démocratiques. L'aristocratie anglaise n'a jamais méconnu les dangers dont elle est menacée ; aussi la voyons-nous, tout en accordant contre son gré des bills de réformes économiques, si préjudiciables à ses intérêts, se cramponner, avec une obstination puérile en apparence, à des questions de forme, qui semblent tout aussi puériles lorsqu'il s'agit de la réforme parlementaire ; comme, par exemple, dans la question du serment des israélites. Il n'y a rien de puéril dans cette obstination instinctive et prévoyante, mais impuissante à conjurer un danger imminent.

IV

Et qu'on ne nous accuse pas de pessimisme à l'égard de l'Angleterre. Nos observations ne se rapportent qu'à la loi éternelle, qui condamne tout corps social, comme tout individu, à porter dans ses flancs le principe de sa destruction. Nous ne signalons ici qu'une décadence morale, qui précède la décadence matérielle de toute société, mais qui lui ménage parfois des siècles de puissance et d'éclat. L'Angleterre ne peut que peser longtemps encore sur les destinées du monde entier ; et jamais elle ne s'est trouvée dans des conditions plus favorables pour poursuivre la réalisation de son gigantesque projet. Jamais non plus, depuis les Romains du siècle des Scipions, aucune nation n'a possédé au même degré l'instinct de ses intérêts. C'est une fatalité pour l'Europe entière, que les intérêts de ces maîtres de l'Océan soient en opposition directe avec ceux du continent. La paix, la prospérité et l'union des nations qui forment la grande famille européenne, seraient évidemment la ruine de l'Angleterre. Nous l'avons vue combattre mollement la révolution de 1789, plutôt pour alimenter une lutte que dans l'intérêt du principe monarchique (1). Mais lorsque cette révolution, après avoir tout détruit, eut enfanté le génie de Napoléon, nous avons vu l'Angleterre s'acharner à la lutte avec un courage et une constance toujours croissant en proportion du développement même de ce génie, et de son essor prodigieux dans ses créations administratives et industrielles en France, dans son influence et ses conquêtes en Europe. C'est que ce génie a admirablement pénétré la tendance invariable de l'Angleterre à l'égard de l'Europe; tendance qui s'était surtout développée après l'émancipation des États-Unis, et lorsqu'il

(1) Nous nous abstenons de toute allusion à ce qui se disait en France, à cette époque, sous l'empire des passions révolutionnaires et de la haine du nom anglais. Mais nous prions le lecteur de parcourir les chapitres IV et V des *Souvenirs contemporains de M. Villemain*. L'écrivain que nous citons, pas plus que M. de Narbonne, dont il rapporte les conversations avec Pitt, ne seront soupçonnés d'exagération ou de malveillance.

s'agissait de chercher de nouveaux débouchés à son commerce. Malheureusement le génie de conquête dominait l'homme politique, et Napoléon avait imaginé de fonder l'union du continent non sur l'identité des intérêts, mais sur la conquête. Sa faute garantit alors à l'Angleterre les sympathies des peuples et des rois, et fut expiée par le martyre de Sainte-Hélène.

V

L'empereur Alexandre, dont l'esprit aussi modeste que pénétrant avait pressenti, dès 1814, les déceptions qui ont produit les cent jours et la révolution de 1830, appréciait assez le besoin d'une forte organisation du continent et la position qu'y doit occuper la France, pour insister en 1814 et même en 1815 en faveur de l'intégrité du royaume des Bourbons. Tout en blâmant, dans le secret des cabinets, les sympathies napoléoniennes d'Alexandre, justifiées avec tant d'éclat par la France d'aujourd'hui, l'Europe applaudissait encore à sa modération et à sa sagesse, que déjà l'Angleterre conspirait dès les premiers jours du congrès de 1814 avec Talleyrand et avec l'Autriche, pour le détrônement du malheureux Murat, contrairement aux engagements contractés par les puissances coalisées à l'égard de ce roi, dont la destinée était de perdre deux fois

Napoléon, par sa défection d'abord et ensuite par son dévouement. Depuis lors l'Angleterre n'a épargné ni cajoleries, ni complaisances, pour attirer les Bourbons dans la sphère de sa politique. La prudence de Louis XVIII et la fierté chevaleresque de Charles X ont su y résister. L'accord de la France et de la Russie, ces deux États placés par la Providence aux deux extrémités du continent européen, en dehors de tout contact, de toute rivalité, pour se donner loyalement la main en garantie de la paix et du progrès universel, cet accord providentiel a produit le plus beau résultat dont puisse se glorifier la politique contemporaine, — l'indépendance du royaume hellénique. Mais l'Angleterre flétrissait déjà les lauriers de Navarin, qui lui avaient été imposés par l'empereur Nicolas et par Charles X, et ses hommes politiques, dédaignant jusqu'au sentiment généreux de la nation qui avait donné à la Grèce Byron et Hastings, infligeaient le blâme à l'amiral Codrington, qui n'était coupable que d'avoir préparé les voies à l'exécution du traité signé par son gouvernement. On connaît les efforts tentés par le gouvernement anglais auprès de Charles X, pour l'entraîner à une guerre contre la Russie en 1828, lorsque la Russie combattait sur le Danube, comme aujourd'hui, pour venger son honneur et son Église baignée du sang de deux patriarches, de trente évêques et de plusieurs centaines de mille de ses coreligionnaires.

Plus tard la diplomatie anglaise immolait Capo d'Istria, en expiation des sympathies manifestées par les îles Ioniennes pour le nouvel État, qui paraissait alors destiné à un meilleur avenir.

La destruction du nid de pirates d'Alger et la perspective que cet acte d'une politique nationale ouvrait à la France dans la Méditerranée, dont le génie mercantile de la Grande-Bretagne voudrait faire un autre golfe du Bengale, a été le signal de la rupture définitive de l'Angleterre avec la branche aînée des Bourbons.

VI

Le génie sinistre des révolutions a-t-il conclu un pacte avec les intérêts de la Grande-Bretagne et y puise-t-il ses inspirations en 1830 comme en 1848? Les trois journées de juillet ont délivré l'Angleterre du voisinage d'un gouvernement qui, le pays à peine remis de ses désastres, savait se faire respecter au dehors et rentrer dans le vieux rôle assigné à la France dans l'Europe continentale sous Louis XIV comme sous Napoléon. L'Angleterre a joyeusement salué le nouveau gouvernement que la France venait de se donner, et dont les tendances, comme la destinée, étaient encore problématiques, si ce n'est qu'elles offraient à l'Angleterre un gage certain du peu de sympathie des grands

États du continent pour la monarchie révolutionnaire de 1830. Réduit à des tâtonnements dans ses relations extérieures aussi bien que dans son action politique à l'égard des partis, Louis-Philippe a dû se cramponner à l'alliance anglaise. Le premier résultat fut la quadruple alliance, qui n'a servi, on le sait, qu'à assurer à l'Angleterre le vasselage du Portugal, et à inaugurer en Espagne une ère de révolutions, dont le dénoûment paraît devoir faire partager à la Péninsule entière le sort de son extrémité occidentale.

À l'autre extrémité de la Méditerranée, le traité d'Andrinople, l'organisation définitive de l'État hellénique, le succès des réformes administratives en Turquie, et, au-dessus de tout cela, la confiance inspirée au gouvernement aussi bien qu'à la nation turque par les procédés si généreux de la Russie à l'égard d'un ennemi vaincu et livré à sa merci, — tout cela inaugurait une ère nouvelle.

C'est alors que la première révolte du pacha d'Égypte vint jeter un jour nouveau sur les mystères de la politique anglaise. On sait avec quelle ardeur cette puissance a favorisé les premiers empiétements de Méhémet-Ali. On sait que l'agent anglais en Égypte fut destitué en 1835 pour s'être permis, dans ses dépêches, de donner au pacha, qui battait les armées de son souverain, le nom de rebelle.

La France a servilement suivi cet exemple, et, répudiant les traditions séculaires de sa politique orientale, elle s'est montrée hostile au sultan. Le génie français tend à exagérer toute chose. Il épuise l'erreur, a-t-on dit, pour revenir à la vérité; mais ce mouvement de va-et-vient lui fait perdre le temps, et l'erreur ne demeure jamais impunie. L'initiative de la nouvelle ligne de conduite suivie par la politique française dans les affaires d'Orient, appartenait évidemment à l'Angleterre; c'est cependant la France qui s'est aventurée le plus loin dans la querelle, à Constantinople aussi bien qu'à Alexandrie. Elle entassa en 1833 faute sur faute, au profit de l'Angleterre, pour essuyer en 1840 toute une série de déceptions en Orient, comme au Nord, et surtout dans l'Occident, et pour se voir infliger l'insulte Pritchard au premier essai que voulut tenter sa politique pour s'affranchir de la tutelle britannique. Mais en 1833, rien ne faisait prévoir les conséquences si étranges de cette alliance anglo-française, cimentée par la campagne diplomatique de l'amiral Roussin et de lord Ponsonby.

La Russie, de son côté, après avoir en vain invité les deux puissances maritimes à mettre fin à la crise orientale par une simple démonstration en faveur du sultan, se vit réduite à y mettre fin elle-même par l'envoi de sa flotte et d'une division de débarquement dans le Bosphore. Elle profita du résultat matériel, pour acquérir un résultat moral dans le traité d'Unkiar-Skélessi, résultat moins désintéressé sans doute que le premier, mais tout au profit d'une politique de conservation et de défense, et étranger à toute pensée d'envahissement, à toute menace contre la sécurité de qui que ce fût. Qu'on nous dispense de réfuter les projets attribués à la Russie de lancer un jour ses flottes des Dardanelles à la conquête de la Méditerranée. Ces puérilités étaient bonnes dans le temps pour irriter les esprits de la plèbe contre le colosse du Nord, pour exciter, en France, en Italie, en Grèce, des défiances et des haines contre la Russie au profit de sa rivale. Pas un esprit sérieux n'a pu y croire, et nous avons déclaré notre intention de parler aux esprits éclairés seuls, laissant la plèbe à ses passions et à ses impressions.

VII

L'Angleterre affecta dès lors de voir dans le traité d'Unkiar-Skélessi un acte menaçant pour la sécurité du monde. En exagérant la portée et les conséquences de ce traité, elle voulait entraîner toutes les puissances à une coalition contre la Russie. Elle prétendait exercer par son initiative l'ascendant d'une intelligence supérieure sur des esprits faciles à subjuguer ou plutôt à fasciner. Elle ne réussit qu'à obtenir de la complaisance de Louis-Philippe une simple protestation écrite. Le prudent souverain se refusa à s'aventurer plus loin à la remorque de son obséquieuse alliée. En réponse à la protestation qui considérait ce traité comme non avenu, l'empereur Nicolas déclara qu'il regardait la protestation comme non avenue, et tout fut dit. La sagesse des cabinets du continent conjura alors, mieux qu'elle ne l'a fait aujourd'hui, l'orage que le génie britannique appelait sur le monde.

L'Angleterre, réduite à l'isolement, dut ajourner ses projets et ses espérances : elle dut même céder au bon droit de la Russie dans l'affaire du *Vixen*, qui, durant une année entière, excita la bile du journalisme et habitua la nation à détester la Russie, en représentant comme une insulte au pavillon anglais un fait aussi simple que la saisie d'objets de contrebande de guerre sur une côte déclarée en état de blocus. Le schooner anglais fut saisi et jugé de bonne prise par l'amirauté de Sévastopol: il y est encore. L'Angleterre n'a pas oublié cet échec, et, vingt ans après, elle appelle aux armes l'Europe entière, pour solder le compte de sa vengeance privée à l'égard d'une puissance qui, malgré son infériorité sur mer, s'est montrée jalouse de ses droits et capable de faire respecter chez elle les principes du droit des gens, livrés à la merci du caprice anglais partout où peuvent atteindre les boulets d'un vaisseau.

VIII

C'est ainsi que la paix du monde fut conservée de 1833 à 1840. Durant cet intervalle, le vaisseau de la politique anglaise a complétement viré de bord en Orient. Elle avait espéré en 1833, en séparant l'Égypte de la Turquie, accaparer la première à son influence et la façonner à sa domination.

Qu'on nous permette ici de concentrer l'attention de nos lecteurs sur ce point du globe, laissé à dessein dans l'ombre du tableau, tandis qu'on exagère de plus en plus l'importance de Byzance et de ses détroits, exposés en relief à l'imagination de l'Europe. En présence de la succession qui s'ouvre dans l'Orient, nous ne serions pas étonnés de voir l'Angleterre offrir à la convoitise de la France la perspective de restaurer l'empire latin des Courtenay au profit de quelque membre de la dynastie de Bonaparte, selon l'usage du fondateur de cette dynastie. Rien ne serait plus en rapport avec les tendances poétiques du génie français, avec ses idées favorites de gloire et d'aventures lointaines et fabuleuses. La nation, fascinée, pousserait jusqu'à l'enthousiasme sa crédulité, et glorifierait le désintéressement de son alliée et les futures destinées d'un empire d'Orient, restauré par le successeur de Napoléon. On con-

naît les péripéties orientales de ce génie, qui s'est pro-
sterné dans les mosquées, en affectant, tantôt le rôle
d'un adorateur du prophète, tantôt celui d'un nouveau
prophète d'Orient.

Nous sommes dans le domaine de la poésie, il est
vrai, mais nous voyons dans l'histoire que la France a
plus d'une fois poétisé sa politique aux dépens de ses
intérêts. Jamais l'Angleterre n'a agi de la sorte; elle
laisse la poésie à ses bardes; elle applaudissait naguère
aux inspirations passionnées de lord Byron en faveur
des Hellènes, mais elle faisait prosaïquement empri-
sonner et pendre à Corfou les Ioniens coupables de
sympathie pour leurs frères du continent, et châtiait
les Grecs durant la guerre de l'indépendance partout où
elle pouvait les atteindre. Dans l'éventualité de plus en
plus imminente du partage de la succession d'Othman,
l'Angleterre se contenterait de l'Égypte, car ses vérita-
bles intérêts sont là. Elle aurait en même temps la satisfaction de mettre la France aux prises avec la Russie,
et de prolonger, pendant un demi-siècle peut-être, une
guerre universelle, se réservant de chercher à sa con-
venance des alliés dans le camp ennemi. La France s'é-
puiserait en efforts au profit de sa nouvelle création, et
en luttes contre l'alliance naturelle et inévitable des éléments indigènes avec son nouveau voisin du Nord, qui
paraît disposé à sacrifier son dernier bataillon et son
dernier rouble plutôt que d'accepter un empire Latin
là où sont les portes de sa maison et la première ca-

thédrale de son Église. Pendant ce temps, l'Angleterre s'établirait paisiblement dans la grande station de la route des Indes, ou, plus correctement, de l'Indo-Chine, station qu'elle peut garder contre toutes les éventualités avec une garnison de dix à douze mille hommes, tant que l'empire de la mer d'Europe et des Indes lui est assuré, station militaire et commerçante, et tout à la fois ferme rapportant un revenu assuré d'autant de millions qu'il en faudrait annuellement à la France pour se maintenir sur le Bosphore. Nous ne verrions là qu'une nouvelle preuve de son rare instinct, de cette perspicacité qui distingue le négociant entre toutes les classes de la société.

C'est qu'en effet l'Égypte, en dehors de l'avantage inappréciable de sa situation entre les deux mers qui lient l'extrême Occident à l'extrême Orient, et les deux immenses continents dont les populations barbares ou sauvages offrent un marché sans limites et sans rivaux aux manufactures anglaises, en dehors de ces attraits spécialement appréciés par l'Angleterre, l'Égypte a pour elle, dans la configuration géographique de son sol et dans le caractère de sa population, deux avantages sans pareils dans le monde entier peut-être, au profit des maîtres du pays. L'Égypte n'est qu'un fleuve qui fertilise ses rives sur une certaine étendue entre deux déserts inhabités et inhabitables de tout temps. Des chaloupes canonnières et quelques bateaux à vapeur suffisent pour la police de toute la contrée et pour en assurer la domination. Le seul port dont la nature ait doté la côte septentrionale est inaccessible à une flotte ennemie. Quelques fortifications à Damiette, à Rosette, à Aboukir et à Alexandrie suffisent pour garantir la contrée entière de toute tentative de descente sur ces plages hérissées de brisants. Le désert, qui s'étend à d'immenses distances à droite et à gauche de la seule artère qui entretienne la vie de l'homme dans cette étrange contrée, est la meilleure frontière contre toute invasion. Quant au sud, il est vrai que l'histoire fait mention d'une invasion nomade venue de là, deux mille ans, je crois, avant l'ère chrétienne : mais durant trente-huit siècles, on ne voit venir de ce côté que des caravanes chargées de poudre d'or, d'ivoire, d'encens, de gomme et d'esclaves noirs.

En fait de peuple, l'Égypte a trois millions d'excellents cultivateurs, tellement façonnés au despotisme sous les Pharaons, sous les Lagides, sous les Romains et les Arabes, et surtout sous les Mameluks et sous les Turcs de Méhémet-Ali, tellement habitués à être gouvernés et exploités par un petit nombre d'étrangers, que les Indiens et les Chinois passeraient pour des nations rebelles, remuantes et difficiles à dompter en comparaison de ces bons Égyptiens. Point d'aristocratie locale, si ce n'est quelques cheiks voués à l'étude du Coran dans les mosquées du Caire, et qui ne demandent que la tolérance de leur culte, cette vertu si familière aux Anglais à l'égard des vaincus en tout lieu, à l'exception de l'Irlande. Le sol même n'est pas propriété privée; il appartient tout entier à l'État, qui le fait arroser et exploiter selon ses propres convenances. Nul besoin d'avoir ici recours au système si compliqué de l'impôt dans l'Inde, et à ces effrayantes spoliations fiscales et territoriales qui ont réduit à la misère les cent millions d'habitants d'une contrée naguère la plus riche du globe. Il suffit de maintenir en Égypte la misère actuelle et permanente de la nation et de supprimer les sottes dépenses des fils et petits-fils de Méhémet-Ali: l'heureux mortel prédestiné à recueillir leur héritage est sûr de toucher dès la première année de l'occupation, et après avoir soldé tous les frais d'établissement, un revenu net de plus de cent millions de francs, et de doubler et quadrupler bientôt ce revenu. Ici nous ne disons rien de nouveau pour le gouvernement anglais: quant aux incrédules, nous les renvoyons aux documents statistiques imprimés pour le Parlement dans les *livres bleus* de 1841, lorsqu'il s'agissait de montrer les ressources qui avaient permis à Méhémet-Ali d'entretenir une armée de 200 mille hommes, et lorsqu'on voulait fixer l'impôt qu'il devait payer à la Porte.

Ajoutons une dernière observation : la possession de l'Égypte doit corroborer pour l'Angleterre son système de libre échange. On sait que les principaux produits de ce pays sont le blé et le coton. L'Angleterre renonce graduellement à la culture du blé, qui a été imposée comme une loi divine à la race d'Adam. L'année 1853, durant laquelle elle a remué l'Orient et l'Occident pour créer des ennemis à la Russie, l'existence du peuple anglais était cependant entre les mains de l'empereur de Russie. Une simple défense d'exportation des céréales de la mer Noire et de la Baltique aurait suffi pour provoquer une épouvantable crise des subsistances dans tout l'Occident, une crise comme on n'en a pas eu d'exemple : car la disette était générale, et ni l'Amérique, ni l'Australie, ni la Méditerranée, ni aucun autre pays de production, à l'exception de la Russie, ne pouvait subvenir aux besoins de l'Angleterre et de la France. Les ministres anglais qui eurent le triste courage de confesser tout récemment en plein Parlement, à la face du monde, les turpitudes de leurs négociations vis-à-vis de la Russie, et de justifier leur hypocrite modération et leurs paroles de paix, par la nécessité de prolonger les négociations, de tromper la Russie et de gagner du temps pour armer et pour faire armer la Turquie, auraient pu compléter leurs aveux, en ajoutant qu'il fallait aussi s'approvisionner de blé en Russie, et qu'ils comptaient trop sur la générosité de l'empereur Nicolas pour craindre de le voir recourir à la défense d'exportation, comme à un argument dans la négociation même.

Quant au coton, l'Angleterre est tributaire des États-Unis ; et comme, dans l'existence factice que le développement industriel a créée de nos jours au peuple anglais, le coton est un autre pain quotidien pour quelques millions d'hommes, on sait à quel degré cette dépendance, où se trouve sa vie industrielle, du bon plaisir des Américains, pèse sur les intérêts britanniques. Qu'on juge donc de l'importance pour l'Angleterre de la possession de l'Égypte, dont elle peut doubler et tripler la production !

IX

Comme gage de l'avenir, dont aucun Anglais ne veut plus douter aujourd'hui, l'Angleterre a lancé sur le sol de l'Égypte d'énormes capitaux pour la création d'un chemin de fer, après avoir suggéré à Abbas-Pacha la folie de se dépouiller de toutes les épargnes métalliques de sa famille, de tout le revenu de son pays, pour réaliser le projet toujours problématique du barrage du Nil, projet bientôt abandonné après avoir absorbé des sommes fabuleuses. On sait que cette question du chemin de fer et des capitaux étrangers engagés si étourdiment troubla la sécurité de la Porte, qui se plaignit à toutes les puissances des engagements contractés par son vassal contrairement à la loi fondamentale du pays et compromettants pour l'intégrité de l'empire. D'ailleurs cette question ne figurait pas comme appendice de l'acceptation par le pacha d'Égypte du *Tanzimat* et de la nouvelle loi organique, qui tend à centraliser le pouvoir entre les mains du gouvernement. La France prit chaleureusement le parti de la Porte contre Abbas-Pacha et l'Angleterre. On était en 1851, à quelques pas d'une rupture qui aurait pu amener de graves complications, car il était évident que l'Angleterre aurait soutenu Abbas-Pacha. C'est à cette époque que la presse britannique insultait Louis-Napoléon et que le gouvernement exécutait les plans légués par Wellington pour la défense des côtes. La diplomatie anglaise réussit cependant à conjurer l'orage. Son instrument a été le Turc Fuad-Effendi, délégué par la Porte à l'instigation de l'ambassade anglaise, pour s'entendre avec le pacha, qui n'a reçu en héritage de son grand-père que ses velléités d'indépendance, impuissantes désormais, et l'expérience de 1840, qui avait appris à Méhémet-Ali à ne pas se fier à la France et à craindre l'Angleterre.

Tout fut réglé moyennant un million de francs; et le Tanzimat, qui prescrit entre autres l'incorruptibilité des dignitaires ottomans, fut introduit en Égypte avec certaines modifications, grâce à la corruption exercée sur l'introducteur officiel de cette loi et sur les membres du gouvernement qui réclamaient pour les droits souverains du sultan.

X

Ces faits particuliers, dans lesquels s'est égaré notre
récit presque à notre insu, sont cependant instructifs
lorsqu'il s'agit de l'attitude respective des puissances en
Orient. Ils sont du domaine public à Constantinople
comme au Caire, et les représentants français et anglais
en ont été particulièrement informés. Ils prouvent de
plus l'immense ascendant acquis déjà à l'influence
anglaise en Égypte. Rétrogradons de quelques années
et remontons à la période de 1833 à 1840, période qui
a inauguré la politique actuelle de l'Angleterre en
Orient, et d'où découlent à notre avis toutes les complications récentes. A cette époque, l'esprit supérieur
de Méhémet-Ali avait pressenti les vues de l'Angleterre
sur l'Égypte, et avait pénétré les vrais motifs des sympathies dont il avait été lui-même l'objet dans sa guerre
contre le sultan. Il s'est rappelé qu'en 1807 sa carrière
avait été inaugurée par l'expulsion de l'armée anglaise
du sol de l'Égypte, cet objet constant de la convoitise
britannique. Il voyait l'Angleterre acheter un rocher à
l'entrée de la mer Rouge, Aden, et il sentait instinctivement que l'Égypte seule manquait pour compléter le
système de communication si laborieusement établi
entre l'Angleterre et la mer des Indes, par Gibraltar et

Malte. Aussi a-t-il voué ses sympathies à la France, tout en cherchant à se fortifier assez pour défendre au besoin son État, qu'il rêvait de rendre indépendant et homogène, et pour en assurer la possession à sa famille.

Ces sympathies, cette organisation toute militaire, l'ascendant exercé par le maître de l'Égypte et de la Syrie sur la péninsule arabique et sur les peuples des pays tropicaux qui fournissaient des soldats noirs à son armée, en un mot, le développement des forces matérielles et morales du pacha, lui attira dès lors toute la haine de l'Angleterre, cette haine politique, implacable et contenue, qui est le trait distinctif de cette nation. C'est alors qu'elle vira de bord en Orient, comme nous l'avons dit plus haut, et tout en gardant le souvenir des déceptions amères de 1833, elle se montra animée du zèle le plus désintéressé en faveur du sultan. Elle supporta alors toutes les humiliations que lui infligea, durant six années entières, la juste défiance de Constantinople, tandis qu'elle s'exerça à susciter des embarras de toute espèce à Méhémet-Ali en Syrie et en Égypte, pour s'en faire gloire à Constantinople.

On sait que la haine contre Méhémet-Ali fut la passion dominante de Mahmoud, durant les dernières années de son règne. La politique anglaise flatta cette passion, en excitant le sultan à provoquer une nouvelle crise en Orient. Elle lui enseigna à dissimuler ses projets à la France, à la Russie, à l'Autriche et à la Prusse, qui, d'un commun accord, cherchaient sincèrement à maintenir la paix en Orient, et conseillaient au sultan de rester fidèle à la convention de Kutaya. Mais le langage de la passion et de la haine fut plus efficace que celui de la sagesse et de la modération. Mahmoud se laissa entraîner. Et lorsque la crise éclatait sur l'empire, qui perdait à la fois son armée et sa flotte, le sultan rendait le dernier soupir, et un enfant lui succédait sur le trône ébranlé.

<h2 style="text-align:center">XI</h2>

L'Europe, émue de tant de désastres, entourait de ses sympathies le jeune souverain. Les circonstances autant que la disposition des esprits étaient on ne peut plus favorables à la réalisation des plans de l'Angleterre. Il s'agissait pour elle de se venger des prédilections françaises de Méhémet-Ali, d'humilier la France en expiation de son ascendant politique en Égypte et en Syrie, de supplanter la Russie dans son influence prédominante à Constantinople, de dicter la loi sur le Nil et sur le Bosphore.

Après la fameuse note en six lignes du 27 juillet 1839, ce premier acte d'intervention collective, qui fut un décret de déchéance pour la Turquie, on vit avec quelle ardeur le ministère anglais entama les négociations sur tous les points à la fois : à Vienne comme à Paris, à

Berlin comme à Pétersbourg, pour aboutir au traité du 15 juillet 1840 et à l'expulsion de la France du concert européen.

C'est ainsi qu'après avoir été l'alliée si intime de la monarchie de juillet pendant dix années entières, après avoir entraîné la France dans l'orbite de sa politique en Espagne et en Belgique, comme en Grèce et en Orient, après avoir contribué à rendre la France de plus en plus hostile à la politique du continent, et à aigrir de plus en plus le levain des répugnances dynastiques dont elle était l'objet, l'Angleterre exploita au moment voulu les défiances de l'Europe et de la Turquie pour isoler la France et pour humilier son gouvernement, et elle déchaîna sur le vieux roi les passions d'un peuple toujours susceptible sur son honneur, et toujours privé de l'instinct de ses intérêts dans sa politique étrangère.

XII

La crise de 1840 coûta au continent et à la France *quelques milliards* en frais d'armement, en dépréciation de valeurs, en chômage de l'industrie manufacturière. L'Angleterre ne s'imposa aucun sacrifice. Une flotte de 8 vaisseaux de ligne et de 16 autres bâtiments, assez mal équipés d'ailleurs, avec 4.500 hommes de troupes

de débarquement, suffit pour l'exécution des décrets du
concert européen, dont les prévisions avaient été sage-
ment fondées sur les sentiments de la population
syrienne, bien plus que sur les moyens d'action matériels, pour expulser de la Syrie l'armée égyptienne.
L'Angleterre se ménagea d'ailleurs l'occasion de dé-
ployer, aux yeux des peuples de l'Orient, son drapeau
à la tête de l'alliance. Elle insista pour avoir à la remorque de sa flotte deux frégates autrichiennes; et le
commodore Napier, qui au camp de Djouni, au pied
du mont Liban, fit dresser sa tente sur la colline la
plus élevée et y commandait malgré la présence du
vizir Méhémet-Pacha, exprima ses regrets de n'avoir
pas un contingent russe et prussien, ne fût-ce qu'une
compagnie de cosaques ou un bataillon de grena-
diers, pour montrer aux Turcs et aux Arabes toutes les
grandes puissances du continent respectueusement ran-
gées autour de la bannière de Saint-Georges.

XIII

Pour aigrir de plus en plus les esprits en France
contre la Russie, on attribua à cette dernière l'initiative
du traité du 15 juillet, et la presse affecta de donner à
ce traité le nom du ministre russe qui l'avait signé. La
Russie n'a jamais revendiqué cet honneur. Elle ne

demandait qu'une chose — la paix de l'Orient. C'est à la Russie qu'appartient l'initiative, en 1859 comme en 1855, d'un appel à l'Europe en faveur de l'empire ottoman, près de succomber sous le poids d'une guerre intestine, et d'ouvrir ainsi une ère de bouleversements qui auraient détruit la paix du monde. Nous ne cherchons à justifier, ni le baron Brunow, ni ses collègues d'Autriche et de Prusse, d'avoir mal apprécié les conséquences de ce traité, et surtout d'en avoir concerté à Londres le mode d'exécution sous l'inspiration de lord Palmerston; mais nous trouvons dans la correspondance diplomatique des *livres bleus* de 1841 des preuves irrécusables que ni la Russie, ni l'Autriche, ni la Prusse, n'ont jamais insisté sur l'utilité pour la Turquie d'arracher la Syrie à la domination égyptienne, et l'on sait que l'empereur de Russie, au risque même d'exciter les défiances du cabinet ottoman et de donner une ombre de réalité aux insinuations qui lui attribuaient le désir de voir l'empire ottoman scindé en deux pour mieux s'en emparer, avait conseillé au sultan de se désister de ses vues sur la Syrie et d'appliquer son activité à l'organisation de l'héritage de Mahmoud. Les conséquences de la conquête de la Syrie, et les embarras créés par cette conquête à la charge du Trésor et de l'administration, n'ont que trop justifié la sagesse et la franchise de ce conseil. L'Angleterre seule était intéressée à punir Méhémet-Ali et à isoler la France, dont le gouvernement aurait joué son existence en signant le traité du 15 juillet. Elle seule, exploitant les passions léguées par Mahmoud aux conseillers de son fils, et jusqu'à la vieille haine de Khosrew, tout-puissant alors, contre le pacha d'Égypte, avait réussi à inspirer aux Turcs une invincible obstination. Puisqu'on persistait à poser la question au point de vue du droit, qui évidemment était tout en faveur de la Porte, et qu'on s'établissait juge compétent de ses propres intérêts, ni les principes du droit public, ni les convenances, ne permettaient à des puissances, gardiennes de ces principes, de s'opposer à la restitution de la Syrie à son souverain légitime.

Si la Russie eût subordonné et l'équité, et le droit public, et les convenances à la seule loi de son intérêt privé, comme le fait toujours et partout l'Angleterre, et si son intérêt eût été d'affaiblir l'empire ottoman pour s'en emparer à l'heure voulue, comme l'Angleterre lui en impute l'intention, n'est-il pas évident qu'en 1840 elle aurait fait pencher la balance en faveur de Méhémet-Ali? et n'est-il pas tout aussi évident que le sort de l'Orient était alors entre ses mains? Loin de là, elle donna à l'Europe le gage du plus complet désintéressement. Elle s'est fiée à la *loyauté* britannique et à la *reconnaissance* de la Turquie, qui lui a dû itérativement la conservation de l'empire et de sa dynastie. Elle a ainsi posé elle-même des limites à son influence, prédominante, jusqu'alors, sur la Porte, espérant, par son abnégation même, mieux consolider le repos de l'Orient, et inspirer à sa rivale cette confiance réciproque qui est la première condition d'une bonne paix. En acceptant le mode d'exécution du traité, elle ouvrait à sa rivale, en Orient, une carrière d'activité politique et d'influence dont les prémices ont si peu justifié la générosité de l'empereur de Russie.

CHAPITRE DEUXIEME.

Progrès de l'Angleterre en Orient. — Griefs des Turcs contre la Russie.
— Question de la vente des esclaves et importance dynastique de cette
question. — Origine des rancunes de l'ambassadeur anglais. — État du
continent avant 1848. — L'Angleterre et la Russie en 1848. — Le
gouvernement personnel en France. — Attitude des puissances à l'égard
de l'Empereur des Français. — Question des Lieux-Saints. — Le protestantisme en Orient. — Pie IX et l'Église grecque. — Affectation de
jactance des ministres anglais, et projet de démembrement de la Russie.
— Remaniement de la carte de l'Europe. — Confusion des théories con-
stitutionnelles et absolues en Orient. — Stratagème de l'ambassadeur
anglais, et déclaration de guerre à la Russie, par la Porte.

I

C'est ainsi que se sont accomplis les événements de
1840, d'où date la nouvelle attitude de l'Angleterre,
tant à Constantinople qu'en Syrie et en Égypte, attitude progressivement envahissante ici et là. — Dès
lors elle supplanta la France au Liban même, et lui

enleva l'héritage de la protection séculaire de ses coreligionnaires maronites, comme celui de ses sympathies de dix ans pour le pacha d'Égypte.

La tâche a été bien plus facile à Constantinople à
l'égard de la Russie. Il ne s'agissait que de réveiller
adroitement la vieille haine du Turc contre le Moscovite infidèle, contre le conquérant de la Crimée, contre
celui dont les croisières mettent obstacle au trafic de la
chair humaine dans la mer Noire, à l'importation de
belles Circassiennes et de jeunes gens, de cette mar-
chandise dont le prix a extrêmement haussé à Constantinople, depuis qu'elle n'y entre plus que par
contrebande. Elle est cependant non-seulement un objet
de première nécessité pour toute la classe élevée de la
société turque, mais aussi une condition vitale de
l'existence de l'empire.

Nous supposons notre lecteur assez au fait de la législation musulmane pour lui épargner l'explication de
la loi fondamentale de l'empire, qui ne permet pas au
souverain d'avoir une femme ou des femmes légitimes,
et qui n'admet dans sa couche que des esclaves sans
parenté, acquises à prix d'or ou enlevées à l'ennemi (1).

(1) Un des titres les plus populaires du sultan est celui de *Kiol-
Oglou*, fils de l'esclave. C'est un titre de noblesse, fondé sur la tradition biblique de la naissance d'Ismaël, ancêtre de Mahomet et fondateur de la nationalité arabe. Observons, par parenthèse, que l'autre
titre du sultan, tout aussi populaire, est celui d'*Unkiar*, qui veut
dire textuellement *buveur de sang*, et exprime son droit de tuer, ce

La dernière guerre qui a permis aux Turcs de peupler leurs harems à peu de frais, était celle de l'émancipation des Grecs. Le temps des invasions en Russie, en Pologne, en Hongrie, et des expéditions en Sicile et en Italie, ne reviendra plus; les Turcs le savent; la Méditerranée est désormais purgée des corsaires barbaresques qui fournissaient aussi leur contingent de belles captives de l'Occident aux harems de Constantinople. Sans doute la nation, réduite à l'impuissance, saurait bien se passer d'esclaves, comme un homme qui se ruine apprend progressivement à se passer de ce qu'il considérait autrefois comme un objet non de luxe, mais de première nécessité. Il n'en est pas de même du sultan. A moins d'avoir recours aux Vénus bronzées de l'Afrique, Sa Hautesse se verrait dès à présent condamnée au célibat et à l'extinction de sa race (car le contingent fourni par la guerre des Grecs a déjà vieilli et est hors de service), si les croisières russes et les cordons des frontières parvenaient à réaliser complétement la suppression du commerce des esclaves. C'est un grief qu'au-

grand attribut de l'autorité en Turquie. Les titres ont toujours leur signification politique, dans les idées des Orientaux. Pour que le sultan conserve le prestige de sa popularité, de sa légitimité même, il faut qu'il soit fils d'une esclave. La loi n'accorde, il est vrai, aucun avantage à ces enfants qui, chez nous, passeraient pour illégitimes, sur les enfants d'une femme légitime; mais elle défend au prince de la maison d'Othman d'avoir des femmes légitimes. La loi en question remonte à Soliman le Grand, à qui l'histoire ottomane accorde le titre de législateur (*kanouni*).

cun bienfait de la Russie ne pourra atténuer dans le cœur de tout patriote turc, et l'on sait que la diplomatie offi-cieuse de Péra enseignait aux Turcs que la loi russe permet la vente des hommes (on expliquait par cette formule banale la vente des terres avec des serfs), mais que le gouvernement russe, en prohibant la vente des Circassiennes et des Géorgiennes, avait en vue d'empê-cher la race privilégiée des Turcs de se multiplier, et voulait tarir la source désormais unique de propagation de la dynastie d'Othman, afin d'hériter plus facilement de Constantinople et de l'église de Sainte-Sophie.

Et qu'on ne se moque pas en Occident de ces raison-nements et des conclusions qui en découlent. Il est cer-tain que les raisonnements qui ont inauguré, nous ne dirons pas les projets attribués à la Russie, mais l'atti-tude même de plusieurs États du continent, ont certai-nement moins de justesse, moins de force et surtout moins d'habileté que celui que nous venons de citer, en évoquant le témoignage de tout le faubourg diplo-matique de Péra.

II

Nous nous abstiendrons d'énumérer ici cette foule de questions palpitantes, soulevées à Constantinople de-puis 1840 jusqu'à 1855, entre la légation de Russie et le cabinet ottoman. C'était tantôt la persécution sourde de l'Église grecque (1); tantôt la censure imposée aux livres du culte des populations slaves; tantôt les turpitudes des autorités de Jérusalem dont l'avidité dévorait jusqu'aux aumônes envoyées par les hommes pieux du Nord pour alimenter les lampes du Saint-Sépulcre; tantôt les brigandages exercés sur la frontière d'Asie et le défaut de délimitation finale d'une partie de la frontière; tantôt l'affaire pendante depuis dix ans de la fixation de la frontière turco-persane; tantôt les intrigues des pachas en Servie; tantôt les querelles des boyards et des hospodars dans les principautés danubiennes. Nous nous bornons à signaler un fait incontestable et incontesté — celui de l'hostilité permanente de l'ambassade anglaise à Constantinople contre la Russie et de son empressement à saisir toutes les occasions pour susciter des embarras à l'action diplomatique russe auprès du cabinet ottoman. L'intervention anglaise se faisait fatalement sentir à chaque pas, mais avec mesure et habileté, se fiant à la modération du cabinet de Saint-Pétersbourg pour ne pas pousser les choses à une de ces combinaisons qui auraient provoqué et justifié une rupture et le recours à la logique du canon. C'est que la Turquie ne s'y serait pas

(1) Le lecteur trouvera des faits très-intéressants, sous ce rapport, dans la brochure intitulée : *Lettre sur l'état de la Turquie et la crise actuelle*. Paris, Borrani et Droz, novembre 1853.

aventurée toute seule quand même, et que l'Angleterre ne se sentait pas de force à lui venir en aide, car la France ne s'y serait pas prêtée, malgré le régime de *l'entente cordiale* qui a succédé à 1840, à l'indemnité Pritchard, aux droits de la reine Pomaré, et aux autres petites tracasseries de l'époque. L'effet des mariages espagnols, de cet acte d'émancipation de Louis-Philippe, de ce rêve d'une autre époque dont le réveil a été si fatal à la dynastie de juillet, s'est fait sentir dans l'activité diplomatique de l'Angleterre à Constantinople par un temps d'arrêt dans ses attaques incessantes contre la Russie. Si notre mémoire ne nous trompe pas, l'Angleterre était représentée à cette époque par lord Cowley, plus modéré que l'ambassadeur Redcliffe (alors sir Stratford Canning) qui professe hautement sa vieille haine contre le cabinet de Saint-Pétersbourg. On sait que ce sentiment date du refus de ce cabinet de le recevoir comme ministre plénipotentiaire à une autre époque, refus franchement motivé par le caractère personnel de ce diplomate et par ses discours au parlement dès le début de sa carrière politique. Il les a d'ailleurs si bien justifiés à son déclin, en posant pour principe, dans les démêlés de la Russie avec la Porte au printemps de 1853, qu'on ne saurait jamais tolérer que la Russie fût ni trop bien ni trop mal avec la Turquie, principe qu'il a si bien pratiqué depuis dix ans en Orient, qu'il a fini par y allumer la guerre actuelle.

III

Sur un autre point du continent, les complications religieuses et politiques du Sonderbund et l'activité anarchique de la diplomatie anglaise, prête à fournir des éléments à tout foyer révolutionnaire, servirent d'avertissement sérieux à tous les grands États du continent, qui parvinrent à s'entendre cette fois entre eux, sur l'initiative de l'Autriche (1). Une grande alliance continentale était sur le point de se former entre les grandes puissances pour mettre le monde à l'abri des tentatives toujours renouvelées du gouvernement anglais contre le repos de l'Europe. Mais déjà la mission, problématique d'abord, de lord Minto, travaillait l'Italie, et bientôt le tocsin de 1848 ébranlait l'Europe entière, renversait des trônes, ruinait l'industrie, le commerce, le crédit, et sur une société déjà minée par le discrédit de la religion et le relâchement de la morale publique, se précipitaient les sinistres doctrines du communisme, cette dernière expression pratique du libéralisme moderne, dont les brillantes théories ont séduit jusqu'à des têtes couron-

(1) Les articles publiés, en 1849 ou 1850, dans la *Revue des deux Mondes*, par M. d'Haussonville, jettent une grande lumière sur la question du Sonderbund, et sur l'attitude du ministère anglais à l'égard du continent, à la veille de la révolution de 1848.

nées. Cette fois l'ébranlement du continent eut son contre-coup jusqu'au cœur de la vieille Angleterre, qui avait cru pouvoir faire impunément ses expériences aux dépens d'autrui.

L'instinct conservateur du peuple a sauvé cette fois le gouvernement anglais à peu de frais. Mais le mouvement chartiste de 1848 est un symptôme significatif qui révèle des souffrances morales nouvelles, très-menaçantes pour l'avenir de la vieille Angleterre. On ne met pas toujours impunément le feu à la maison de son voisin, et la mer si profonde qui vous entoure n'est pas cependant un rempart infranchissable aux idées et aux sentiments dont le flux intermittent vient renverser périodiquement la prospérité matérielle et paralyser les forces morales de toute une famille de nations.

IV

Le gouvernement anglais, tout en modérant, durant la première période de l'année 1848, son activité en Orient contre la Russie, et sur le continent contre l'ordre social, s'empressa néanmoins d'applaudir à la révolution dans l'attente des éventualités qui lui auraient permis de diriger les événements au gré de ses intérêts privés. Il fraternisa avec tous les partis qui se sont disputé le pouvoir en France pour se justifier, aux yeux de la nation, des alternatives d'entente cordiale et d'insultes dont il avait usé durant dix-huit ans envers le gouvernement de juillet.

A peine sauvé chez lui de l'orage chartiste, il reprit son aplomb à l'égard du continent, au milieu des crises politiques qui bouleversaient l'Allemagne et l'Italie et menaçaient l'Europe de ces éventualités si lugubres dont notre imagination se détourne aujourd'hui encore. et qu'elle se plaît à écarter comme des calamités suprêmes que la pensée la plus hardie n'ose pas affronter.

En Orient aussi il reprenait son rôle à l'égard de la Russie, et sa revanche de l'attitude passive que les événements lui avaient imposée lors de l'occupation des principautés en 1848; déjà en 1849 il dictait au divan une réponse négative aux justes réclamations de la Russie et de l'Autriche dans l'affaire des réfugiés, et jetait un défi à ses cosignataires du traité de 1841 par l'entrée de sa flotte dans les Dardanelles, et un second défi aux cosignataires du traité de 1827, par l'insulte inqualifiable qu'il infligea à la Grèce au nom du juif don Pacifico, de cette figure désormais historique. gravée comme une tache indélébile dans les annales de la Grande-Bretagne. C'est alors. on se le rappelle, que lord Palmerston lança à la face, non de la Grèce seule. mais de l'Europe entière, sa phrase devenue célèbre: le *civis Romanus sum*, phrase appliquée assez maladroitement à un juif portugais qui réclamait un demi-million pour recevoir, en liquidation de son compte d'apothicaire, cinq à six milliers de francs, et cela sous la menace de 800 bouches à feu. Vous insultez à la mémoire des Romains, milord, si vous voulez y puiser la justification d'un procédé digne plutôt de la foi punique. Rome avait presque achevé la conquête de l'ancien monde lorsqu'elle s'est crue en droit de créer le principe dont vous voulez vous prévaloir à l'égard des États indépendants qui subissent vos intrigues, mais qui assurément ne craignent pas vos armes.

La patience de la Russie avait été deux fois mise à l'épreuve aux Dardanelles et dans le Pirée au détriment de son influence en Orient. L'Angleterre persistait dans son système, et se fiait toujours à la modération de sa rivale, qui usait son influence en laissant s'écouler le temps, parce qu'elle ne voulait pas avoir recours aux armes, quoique maîtresse du terrain, également forte et de son attitude et de l'impuissance où étaient à cette époque tous les gouvernements du continent de s'interposer entre son droit et la folie des Turcs.

V

Le coup d'État du **2** décembre ouvrait à la France une ère nouvelle. Ce pays prédestiné à l'expérience de

tous les régimes administratifs, de toutes les théories.
inaugurait cette fois, après une série d'épreuves démocratiques, l'expression la plus complète du gouvernement personnel que le monde ait jamais vue. Les dynas-
ties sont attachées à leurs traditions et plus encore aux
principes qui forment l'essence ou le prestige d'une
autorité héréditaire, et à la loi fondamentale, divine ou
humaine, en vertu de laquelle les destinées de l'État
sont confiées à un homme. Les gouvernements représentatifs ne sont que des émanations plus ou moins
fidèles, plus ou moins habiles, d'une masse d'intérêts
et d'instincts qui absorbe toute personnalité. Les
hommes sortis du sein d'une révolution, comme Napoléon Ier, peuvent bien parvenir au despotisme, mais
ils n'en sont pas moins solidaires de leurs antécédents,
de la carrière même qu'ils ont dû parcourir, soit dans
les camps, soit dans le forum, pour personnifier à leur
tour l'expression d'une époque. C'est ainsi que Napoléon a été depuis le 18 brumaire jusqu'à Waterloo un
soldat couronné, toujours fidèle au principe qui l'avait
porté au pouvoir, toujours l'homme de ses prétoriens.
Nous sommes les premiers à reconnaître les mérites et
les capacités de l'empereur Napoléon III; mais certes
ce ne sont ni ses mérites ni ses capacités qui ont créé
sa merveilleuse destinée. Il l'a due à un souvenir historique et au nom qui rattachait ce souvenir à sa personne. Cependant il fut en principe à un tel point
maître de la situation, à tel point indépendant de toute

entrave de tradition. que même avant d'être proclamé empereur, il pouvait prêcher le respect dû aux traités. déclarer à la France : « l'empire c'est la paix. » et exprimer dans sa vie privée. comme dans sa vie publique, ses sympathies pour l'Angleterre. afin d'écarter tout soupçon d'héritage de haines traditionnelles. C'est que l'élu de la nation comprenait que la France, malgré ses prédilections poétiques pour le prestige de la gloire militaire, aspirait cependant à la paix et avait besoin de paix. Si la conduite et les propos du prétendant impérial à cette époque de sa vie politique froissaient quelques fanatiques de l'école napoléonienne, ils lui attiraient les sympathies et la confiance des masses populaires. plus avides de repos que de gloire.

VI

Le gouvernement anglais observait de trop près les péripéties du drame révolutionnaire et impérial de la France. pour ne pas en pressentir de bonne heure le dénoûment. On prit d'abord pour une étourderie l'empressement de lord Palmerston à applaudir au coup d'État du 2 décembre. Ce n'était qu'une nouvelle preuve de l'extrême perspicacité de cet homme d'État, qui a mérité, par toute sa carrière politique. l'honneur d'être considéré comme l'expression la plus fidèle des tendances contemporaines de ce pays. On l'a surnommé *boute-feu* : ce n'est pas nous qui contesterons la justesse de l'épithète; nous ferons seulement observer que tous les incendies allumés par son génie ont merveilleusement servi les intérêts de sa patrie. Est-il individuellement responsable devant l'humanité de ce que les intérêts de sa patrie, qu'il sert si utilement par sa déloyauté même envers les autres, sont si fatalement opposés à ceux du continent de l'Europe? Cet homme d'État, avant d'être homme, est Anglais.

VII

Le gouvernement anglais, tout en se préparant à tirer le meilleur parti possible des événements qui s'accomplissaient en France, profita néanmoins des frayeurs instinctives du peuple anglais à la vue d'une restauration impériale en France, au souvenir du camp de Boulogne, et en présence de la navigation à vapeur, qui seule a manqué pour la réalisation des plans de Napoléon : le gouvernement anglais en profita pour obtenir des subsides destinés à augmenter ses armements et à fortifier ses côtes. Nous sommes très-portés à croire que l'Angleterre n'avait à cette époque aucune crainte d'une invasion française; elle se sentait maîtresse de la situation et sûre du concours de tout le continent contre la France, si le nouvel empereur eût voulu inaugurer son règne par la destruction des traités de 1815. Néanmoins le ministère anglais considérait la fortification des côtes comme une excellente mesure pour l'avenir; car le gouvernement personnel était un fait accompli en France, et, dans le jeu de la politique hasardeuse que l'Angleterre voulait entreprendre avec ce gouvernement, il y a des chances et des revirements qui déjouent les combinaisons les mieux calculées: or, une rupture avec la France, sous un gouvernement personnel, présente des dangers bien autrement graves que n'en offraient les clameurs parlementaires de 1840 et 1841.

C'est en Orient, sur le sol classique de toutes les anomalies, que devait s'accomplir la grande pensée de l'Angleterre, son alliance avec la France contre la Russie.

VIII

Nous voyons jusqu'ici que l'Angleterre a été parfaitement conséquente avec elle-même, sans jamais dévier de l'ornière qui lui est tracée par son intérêt égoïste et mercantile, cette étoile unique de sa politique actuelle. Les faits sont là, et les chiffres de l'échiquier de chaque année, ceux des importations et des exportations du com-

merce anglais depuis 1848, parlent mieux que toutes
ces théories et toutes ces considérations basées principalement sur ces faits et sur ces chiffres (1).

IX

Examinons aussi la situation du continent lui-
même, à l'égard de l'Angleterre et de la question
d'Orient.

Louis-Philippe a expié sa conspiration de longue
date contre la branche aînée et son triomphe de 1830
par son isolement moral dans la famille des souverains de l'Europe. Il a été condamné aussi à expier par
une série de déceptions, qui aboutirent à la catastrophe finale de 1848, ses tentatives d'alliance avec la
Grande-Bretagne, qui avait profité de son isolement
pour le rendre docile à son influence. Après l'orage
révolutionnaire de 1848 et 1849 en France, en Allemagne et en Italie, les souverains de l'Europe
voyaient en Louis-Napoléon plutôt un instrument de la
Providence pour calmer l'Europe, qu'un conspirateur
heureux. Et en réalité, ce prince avait plutôt déjoué

(1) Le lecteur trouvera un résumé lucide de la statistique commerciale de l'Angleterre durant les dernières crises du continent, dans la
brochure intitulée : *L'Alliance anglo-française dans la question d'O-
rient.* Bruxelles, janvier 1854.

les complots tramés contre la France que conspiré
contre qui que ce fût. Les sympathies de tous les gouvernements lui étaient assurées d'avance. Les vieilles
sympathies de la nation pour le nom qu'il portait, ne
pouvaient que se raffermir de plus en plus en proportion des épreuves que la lutte des partis lui avait in-
fligées tout récemment. Cependant l'incertitude d'une
fortune nouvelle imposait aux gouvernements du continent une certaine réserve à l'égard du nouvel empereur. Aucun d'eux n'a fait preuve, d'ailleurs, nous ne
dirons pas de malveillance, mais même de défiance.
Ainsi la place de la France était marquée d'avance
dans le concert européen; elle y pouvait entrer avec
honneur, cimenter ses alliances naturelles, rassurer le
monde et rester fidèle au pacifique programme de son
nouveau souverain. Ce sont les traditions napoléoniennes qui ont été le seul antécédent du nouveau régime
impérial. Nous ne ferons ici aucune allusion aux haines
de Napoléon contre l'Angleterre; au moment où nous
déplorons la guerre qui commence, nous sommes loin
de désirer que le souverain de la France puise ses
inspirations dans celui des sentiments de son oncle
qui pendant vingt ans a ensanglanté le monde. La
grande tradition de l'empire à laquelle nous voudrions
voir se rattacher le successeur de cet empire est, selon
nous, un système bien entendu d'alliances continentales, afin de préserver l'Europe de l'influence toujours
envahissante de la Grande-Bretagne. Toute la con-

duite de l'Angleterre à l'égard du continent et de la
Méditerranée depuis 1815 révèle de plus en plus la
portée de la grande pensée de Napoléon. Sous ce point
de vue, Napoléon III a renié et les enseignements de
l'expérience que la France venait de faire aux dépens
de son amour-propre, aussi bien que de ses intérêts,
durant dix-huit ans, et les traditions du système impérial auquel il doit toute sa fortune politique.

X

Tout observateur de l'état politique de l'Europe aurait
facilement compris qu'il suffisait à la France de se
compromettre définitivement vis-à-vis de la Russie
pour être sûre de trouver dans l'Angleterre un allié zélé
et actif, capable de pousser les choses aux dernières
extrémités.

L'occasion s'en est offerte dans la question des Lieux-
Saints. Nous voudrions ne jamais avoir à entretenir
notre lecteur de cette question : nous avons déjà déclaré
qu'à nos yeux c'est une nouvelle profanation, à côté
de toutes celles qui depuis tant de siècles pèsent sur le
tombeau du divin Docteur de la paix, que de vouloir y
trouver la source de tant de haines. Qu'il nous soit
permis cependant de relever ici un côté des vicissitudes
religieuses de l'Orient, dont on ne s'est pas encore aperçu.

dans ce dédale de récriminations entre la France et la
Russie, à propos de l'origine de la crise actuelle. L'Angleterre se dit étrangère à la question des Lieux-Saints,
et n'a que le dédaigneux sourire de l'incrédulité à l'égard
des croyances religieuses des grecs ou des latins, qu'elle
qualifie indistinctement de superstitions païennes, tout
en s'appliquant à en tirer un excellent parti au profit
de ses intérêts matériels.

XI

Nous avons vu plus haut l'attitude envahissante de
l'Angleterre en Orient depuis 1840. Elle y avait trop
bien étudié le terrain pour ne pas s'apercevoir de bonne
heure que dans ce sol classique de la foi, de la révélation, du dogme, de l'hérésie, de la conquête religieuse,
du martyre et de la persécution séculaire de la foi, la
vie religieuse a pénétré tellement à travers les pores de
l'existence politique des populations, qu'elle se reproduit nécessairement et souverainement dans toutes les
phases de la vie publique ou privée, qu'aucune influence ne saurait s'y établir absolument en dehors des
sympathies religieuses. Aussi l'Angleterre s'est-elle appliquée de bonne heure à se créer en Turquie un centre
d'influence protestante. Le zèle purement religieux des
sociétés bibliques, de celles même des États-Unis d'A-

mérique, venait en aide aux vues du gouvernement. Il
y avait une quinzaine d'années déjà que l'élément protestant s'introduisait dans les diverses parties de l'empire ottoman, en Asie Mineure surtout et en Syrie, par
le travail souterrain des missionnaires, qui s'aventu-
raient à combattre les Églises indigènes grecque, armé-
nienne et latine, en établissant des écoles, en offrant
l'appât de l'instruction gratuite et en propageant des
livres et des doctrines nouvelles. Au milieu même de
la crise de 1840, l'Orient vit créer un évêché anglican
à Jérusalem, dans un diocèse où il n'y avait *pas un*
habitant du rit protestant. Afin d'obtenir de la piété
nationale les ressources nécessaires, et pour motiver
cette création tout à fait problématique d'abord, on
mit en avant une idée alors en vogue, la conversion des
juifs au christianisme, leur conversion dans les lieux
mêmes où les juifs vont pleurer la destruction du
Temple et attester l'accomplissement des prophéties. Il
y avait quelque chose de mystique dans le choix d'un
tel centre d'activité pour la conversion des juifs. Le roi
de Prusse y a lui-même largement contribué par une
pieuse donation au profit de l'évêché protestant, dont
en effet le premier titulaire a été un israélite converti.
Le programme offert au zèle de l'évêque Alexandre
faisait également mention des *païens ;* on sait qu'il n'y
en a guère dans cette partie de l'Orient. Quant aux
chrétiens du pays, il n'en était pas question, si ce n'est
qu'on recommandait à l'évêque d'entretenir des rapports

de fraternité apostolique avec les pasteurs de l'Église grecque. Néanmoins le clergé oriental de tous les rites sans distinction, préjugeant des tendances de la nouvelle Église d'après les précédents de tous les missionnaires protestants de l'Orient, fit preuve de la plus grande défiance à l'égard de l'évêché protestant. Ces frayeurs instinctives ne furent que trop tôt justifiées. Dès 1843 on parla dans les meetings religieux de la Grande-Bretagne de la nécessité de *christianiser* les chrétiens de l'Orient, qui, aux yeux des prédicateurs anglicans, sont de vrais païens, parce qu'ils adorent les images et croient à la vierge Marie. Le successeur de l'évêque Alexandre, l'évêque Gobbat, a même contracté des engagements solennels dans ce sens. C'était en 1844 et 1845. Au fond ce n'était qu'un aveu rétrospectif de ce que l'on pratiquait de longue date dans l'Asie Mineure, l'Arménie, la Mésopotamie, la Syrie, la Palestine, en attaquant indistinctement toutes les Églises, en semant la discorde dans la commune et même dans le foyer domestique, pour attirer dans le giron de la nouvelle Église des familles séparées de la commune, des individus séparés de la famille par l'intrigue et par l'or des convertisseurs, nullement par l'enseignement d'un dogme nouveau, inaccessible à ces populations primitives. Ces premiers essais de l'activité religieuse de l'Angleterre en Orient ont abouti finalement à la création d'une chose neuve et originale, d'un patriarcat protestant à Constantinople même, sous les auspices de l'ambassade. Il est vrai que cette institution n'est en réalité qu'une ébauche; elle n'a de patriarcal que le titre, mais ce titre lui est accordé avec l'intention évidente de discréditer dans l'opinion des peuples orientaux les grands prélats des Églises nationales, car l'apostat arménien de basse condition qui est devenu le chef politique et spirituel de la nouvelle commune est officiellement investi par la Porte des mêmes prérogatives que les patriarches grecs et arméniens, et sert de prétexte et d'instrument à l'intervention de plus en plus active de l'ambassade anglaise dans les affaires de l'administration intérieure de la Turquie. Quant à la conversion des juifs, cet objet ostensible de l'œuvre soi-disant apostolique de l'Angleterre, on sait qu'à l'heure qu'il est le nombre total des juifs convertis au protestantisme et entretenus aux frais de la mission se borne à trente ou trente-deux individus, après quatorze années de travail et cent quarante mille livres sterling absorbés par la mission seule de Jérusalem, sans compter l'entretien si coûteux de tant de missionnaires isolés. Nous avons énuméré plus haut les provinces livrées à l'activité de ce prosélytisme, impie dans ses moyens aussi bien que dans ses résultats, dont le plus palpable est l'ébranlement de la foi, l'incrédulité ou bien le fanatisme qui porte le sectaire à concentrer sa croyance dans la haine de tout hétérodoxe. La race grecque et slave de l'Orient n'a pas été à l'abri de ces tentatives; mais en raison de son développement moral et de son caractère national plus constant, elle y resta inaccessible. Quant à l'Égypte, l'œuvre de la conversion ayant échoué devant l'obstination dogmatique des cophtes, les missionnaires protestants des États-Unis eurent recours à un procédé plus simple et plus en rapport avec l'esprit pratique du nouveau monde : ils achetèrent au bazar de petits esclaves abyssiniens ou nègres, *Moussa, Abdalla, Merdjan*, leur administrèrent le baptême et les firent figurer sous des noms chrétiens comme convertis, dans leurs rapports aux sociétés qui fournissaient les fonds.

D'ailleurs, dans toute l'étendue de l'empire ottoman cette propagande était armée du prestige d'inviolabilité, que les traités garantissent aux Européens, tandis que le raïa est déshérité de tout droit politique et que les Églises gémissent sous la persécution. Elle eut de grands succès parmi les nestoriens et les jacobites, et elle entamait déjà les portions de ces mêmes sectes converties durant le siècle dernier à l'union romaine.

XII

C'est sur ce terrain que s'est engagée la lutte entre les convertisseurs protestants et les missionnaires catholiques. Quant aux Musulmans, seule nation qui méritait d'attiser le zèle de cette propagande, seule nation investie de droits politiques en Orient, nous défions toutes les légions de missionnaires protestants ou catholiques de nous citer une seule conversion opérée dans son sein. Durant cette longue période d'activité, on n'observe qu'une surexcitation de tous les fanatismes, qui contribue à attirer de plus en plus le mépris du sectateur de Mahomet sur la religion au nom de laquelle il voit pratiquer de telles turpitudes.

XIII

La lutte entre les missionnaires de Rome et ceux des sectes protestantes ne pouvait s'alimenter qu'aux dépens des Églises orientales. Les Romains étaient d'abord dans le cas d'une légitime défense, en combattant leurs agresseurs; mais bientôt, par la nature même du terrain sur lequel se livraient ces combats, leur activité devenait de plus en plus agressive à l'égard de l'Église grecque, leur ancienne rivale, forte en raison des épreuves qu'elle a traversées. Les armes spirituelles, les luttes du dogme et du rit ne sont efficaces dans le système défensif et conservateur qu'en tant qu'elles peuvent devenir à leur tour agressives et envahissantes. C'est à l'initiative anglaise et aux audacieuses entreprises des missionnaires protestants qu'est due la recrudescence de l'activité catholique depuis 1840. Le projet de Rome, de réaliser l'ambitieux rêve du concile de Florence, a été hautement avoué aux yeux de l'Europe et de l'Orient par la création du nouveau patriarcat latin à Jérusalem en 1847. C'était à la première et si hasardeuse période du pontificat de Pie IX, période d'illusions et d'expansions intempestives ou surannées. Contrairement même à l'ancien dogme catholique, qui reconnaît la hiérarchie de l'Église grecque orthodoxe, le pape n'a nullement tenu compte du clergé dans l'appel adressé aux populations, et qui n'a servi qu'à jeter un nouveau brandon aux haines de rites qui agitent l'Orient (1). Un appel au clergé n'aurait certes pas été plus efficace; car le fond de la question restait invariable : appel non à l'union des Églises, mais à la soumission d'une Église nationale et indépendante. Néanmoins il aurait eu en sa faveur les formes et aurait moins blessé les susceptibilités les plus légitimes d'une grande communion chrétienne que ses souffrances mêmes auraient dû mettre à l'abri d'une telle insulte. C'est ainsi que la conduite du pontife romain, motivée

(1) En créant une hiérarchie catholique romaine en Angleterre, en 1850, sans tenir compte de l'Église nationale, le pape avait néanmoins le spécieux prétexte du dogme catholique qui n'a jamais reconnu l'existence d'une hiérarchie protestante. Un évêque protestant, en entrant dans l'Église catholique, n'est plus évêque, à moins d'une nouvelle consécration. Il n'en est pas de même pour l'Église grecque, dont le pape n'a jamais hésité à reconnaître la succession apostolique et la régularité hiérarchique.

en principe par la nouvelle attitude de l'Angleterre en Orient, donnait lieu à une recrudescence de rivalité entre les grecs et les latins, et aboutissait au triste procès des Lieux-Saints, qui n'excita, comme nous l'avons dit plus haut, que le dédaigneux sourire de l'Angleterre, et n'en devint pas moins, à l'heure voulue, le grand pivot de sa politique orientale entre la France et la Russie.

XIV

Et cependant c'est en Orient surtout que le besoin de mettre un frein aux envahissements systématiques de l'Angleterre, ainsi que l'identité des intérêts politiques, et jusqu'à l'émulation des sentiments religieux supérieurs dans leur essence aux querelles des moines du saint Sépulcre et à la rivalité des rites, auraient dû cimenter une alliance plus intime entre la France et la Russie. Elles y viendront tôt ou tard, nous le croyons de toute la force de nos convictions; car nous pensons que la politique de circonstance, quel qu'en soit l'éclat passionné, finit toujours par faire place à la politique fondée sur les intérêts permanents de l'État, sur les traditions et les sentiments des peuples. De l'aveu de tous les partis en France, la guerre faite à la Russie par Napoléon, malgré l'enthousiasme qui inaugura la cam-

pagne en 1812, était une faute ; c'était de la politique
de circonstance ; elle n'a été expiée que par trop de mal-
heurs. Aussi a-t-on vu bientôt la Russie toute saignante
encore de ses épreuves, tout émue de l'incendie de tant
de villes et de la profanation de ses sanctuaires, devenir
en 1814 et 1815 le champion le plus zélé des intérêts
de la France, au risque de froisser ses alliés, et surtout
son alliée de circonstance d'alors, qui est sa rivale permanente.

XV

Pour expliquer, si ce n'est pour justifier la politique
toute personnelle de l'empereur des Français, on allè-
gue des causes que nous croyons bien au-dessous de
son caractère. L'histoire fait mention d'une guerre,
entre la Suède et la Pologne, je crois, motivée par le
refus d'un troisième *etc.* au titre royal : mais l'histoire
explique en même temps que cette question d'étiquette
n'était qu'un prétexte, puisqu'il s'agissait d'intérêts ina-
vouables dans la querelle entre les deux États. Ou bien
faudrait-il admettre aujourd'hui la supposition accréditée déjà dans une partie du public en France, aussi
bien qu'ailleurs, que la question d'Orient a été saisie si
chaleureusement, afin de provoquer une crise européenne, dont l'issue compléterait l'empire, en lui ren-

dant ce que la France impérialiste considère et revendique comme ses frontières naturelles? Les traités de 1815 auront-ils leur 2 décembre, comme on l'a dit? L'idée ne serait pas neuve. Elle a été proclamée dans la crise de 1840. en plein parlement. Il s'agissait alors de reconquérir brutalement le Rhin, la Belgique et le Piémont. de révolutionner l'Italie, etc. Elle se reproduit aujourd'hui sous la forme moins brutale de compensations à offrir aux dépens de ce *colosse envahissant qui menace l'Europe d'une irruption de sa barbarie.* Les combinaisons ne feront pas défaut. On parle tout bas d'offrir à la Prusse la souveraineté de Pologne, en échange des provinces rhénanes : à la Confédération Germanique, le Schleswig-Holstein érigé en royaume pour la famille du roi Léopold : au Danemark, la Norwége; à la Suède, la Finlande; au roi de Sardaigne. l'Italie; à l'Autriche, tout le cours du Danube. L'Angleterre, qui n'a rien à céder sur le continent, aurait pour prix de sa coopération et de son abnégation l'Égypte. et deux modestes stations. deux rochers quelconques dans la mer Noire et dans la Baltique, pour compléter son système de commerce et de navigation au profit du genre humain. Nous avons tout lieu de croire qu'elle en serait fort satisfaite. Le sultan Abdul-Medjid. à qui revient l'honneur de la provocation du conflit. ne serait pas lésé non plus; car une stricte justice doit avant tout présider à la politique de notre siècle : en échange de l'Égypte et du Danube, il aurait la Crimée et toute la côte de la mer Noire et de la mer d'Azof. Ce pays lui appartenait jadis, et la valeur en a été centuplée dans l'espace d'un demi-siècle. Il aurait aussi la Géorgie et le Caucase, dont il a grandement besoin, pour des raisons que nous avons exposées plus haut.

XVI

C'est cette heureuse combinaison sans doute, et la certitude de la réaliser, qui faisait dire naguère à un ministre anglais que la position de la Russie est désespérée. C'était le corollaire des inspirations bachiques des banquets, et des engagements contractés par l'amiral Napier, engagements que ce marin s'est empressé de rectifier plus tard par pure modestie. Lorsque nous comparons l'éloquence des Pitt et des Chatham avec les discours parlementaires de leurs successeurs actuels, et les figures historiques des Nelson et des Hotham avec les hommes qui arborent aujourd'hui le pavillon de saint Georges, qu'il nous soit permis de soupçonner une grande décadence morale sous l'appareil si séduisant du progrès matériel dont s'enorgueillit aujourd'hui à juste titre la vieille Angleterre. Malgré cette décadence, nous croyons les hommes politiques de l'Angleterre supérieurs à leurs discours. La faiblesse oratoire de ces discours n'est qu'une preuve évidente

de l'absence totale de convictions dans l'esprit de l'ora-
teur ; on n'improvise, on ne passionne son auditoire,
on n'obtient de ces magnifiques élans d'éloquence, que
dans la sincérité de sa propre conviction. Qu'il nous
soit donc permis de douter de la sincérité de cette jactance qui distingue les discours du parlement et des
banquets, et de n'y voir qu'un procédé parlementaire
et un appel plus efficace aux contribuables pour payer
les frais d'une guerre désormais inévitable. Le ministère
qui l'a provoquée vivra-t-il assez pour en voir l'issue,
pour être appelé un jour à rendre compte des engagements qu'il vient de contracter avec une si évidente
perfidie sous le masque d'une étourderie si ridicule?
Des déclarations aussi tranchantes que celles du ministère anglais n'ont jamais été formulées par Napoléon
même, malgré le prestige de tant de victoires, malgré
la présomption inspirée par tant de conquêtes, lorsque le
sol de l'Europe tremblait sous les pas de ses légions. La
Russie, avant d'être vaincue, est condamnée à renoncer
à toutes ses conquêtes cimentées par un siècle et demi
de civilisation; elle est condamnée aussi à payer des
contributions et des indemnités de guerre! Et quels
sont donc les exploits des armes britanniques qui au-
torisent les ministres de la couronne à trancher ainsi
les destinées d'un grand empire? Quarante années se
sont écoulées depuis la bataille de Waterloo, de cet
apogée de la gloire militaire de la Grande-Bretagne.
Oublie-t-on que ce résultat des efforts surhumains et

des sacrifices incalculables qui pèseront indéfiniment sur le pays, n'était pas dû cependant à l'Angleterre seule? Oublie-t-on le vieux Blücher à qui le grand Wellington lui-même, sur le champ de bataille, attribuait la victoire? Oublie-t-on le sang belge et hollandais, répandu à flots dans cette plaine? Ou bien l'Angleterre s'attribue-t-elle l'œuvre laborieuse d'avoir réduit le géant du siècle à ce dernier enjeu de sa prodigieuse destinée? Depuis ce grand fait d'armes, que nous ne prétendons certes pas dénigrer, les exploits des armes anglaises, dans le rayon politique de l'Europe, se réduisent à la bataille de Navarin et à la campagne de Syrie, en 1840. Que des juges plus compétents que nous apprécient la valeur militaire de ces exploits. Nous nous permettons seulement d'affirmer que ni la destruction de la flotte turque, ni le bombardement de Saint-Jean-d'Acre, ni les expéditions des flottes et des armées britanniques contre les Hindous, les Chinois et les Cafres, ne nous feront prendre au sérieux la dernière inspiration prophétique de lord Clarendon. S'il ne s'agissait que d'intrigues, et si l'intrigue seule suffisait pour faire crouler un empire appuyé sur un million de baïonnettes, le génie du ministère anglais serait bien autrement redoutable pour la Russie et pour le continent. Le Portugal et l'Espagne, le Maroc et Alger, Messine, Naples, Rome, Milan, Florence et Venise, la Suisse et la Hongrie, mais surtout la Grèce, l'Égypte et la Turquie entière, seraient là pour témoigner du

pouvoir de l'intrigue et de l'art de paralyser successivement ses ennemis, c'est-à-dire tout État qui prétend
vivre de sa propre vie, tantôt en l'isolant, pour l'in-
sulter impunément, tantôt en déchaînant sur lui le
souffle des révolutions.

XVII

Ces moyens ont été insuffisants pour intimider la
Russie et lui faire accepter la position qui lui est faite
en Orient. Il s'agit aujourd'hui de trancher le débat à
coups de canon, et, malgré le poids immense assuré à
la politique anglaise par la coopération de la France,
le succès de la coalition demeure fort problématique,
si ce n'est qu'un avantage certain est assuré à l'Angleterre — la ruine du commerce et de l'industrie du
continent, comme en 1848. Au lieu de chercher ses
avantages dans les résultats de la lutte, elle les trouvera
dans la lutte même. Que la guerre européenne ait été
le but principal de l'Angleterre dès le principe du débat, et que la France ait abondé à son tour dans le
même sens, malgré les assurances pacifiques, destinées
uniquement, selon les aveux récents du parlement anglais, à endormir la Russie. — c'est un fait constaté
jusqu'à l'évidence par le rejet de la note de Vienne.
Avec la moindre bonne volonté pour la conservation

de la paix, la France et l'Angleterre auraient pu se
contenter cependant de l'échec infligé à la Russie par
l'intervention diplomatique et par les modifications
que les quatre puissances médiatrices faisaient subir
aux demandes primitives du cabinet de Saint-Pétersbourg. Tandis que les quatre puissances rédigeaient
d'un commun accord la note de Vienne et que la
Russie l'acceptait en se fiant à la bonne foi des quatre
cabinets, l'influence d'un seul ambassadeur suffisait à
Constantinople pour déterminer la Porte à rejeter les
décisions unanimes de l'Europe, et à déclarer brusque-
ment la guerre à la Russie.

XVIII

Le sultan prenait donc au sérieux les droits d'indépendance et de souveraineté qu'on affectait de lui attribuer, pour l'empêcher de garantir vis-à-vis de la Russie
les droits de l'Église grecque — seul acte qui aurait pu
prolonger l'agonie de son empire et préserver le monde
oriental chrétien et musulman des désastres actuels.
Observons ici un fait qui paraît avoir passé inaperçu
dans les péripéties du drame diplomatique qui se jouait
à Constantinople. Le refus de la Turquie d'accéder aux
propositions de Vienne avait été assuré d'avance par
les soins de lord Redcliffe. Dès le mois de juillet, l'am-

bassadeur anglais inspirait au ministère ottoman l'idée de convoquer un conseil extraordinaire de soixante dignitaires, pour lui soumettre les propositions de la Russie, en lui posant la question dans ces termes : Ces propositions sont-elles compatibles avec les intérêts et l'honneur de la Turquie ? La réponse devait être négative sous l'influence de l'homme tout-puissant à cette époque dans l'administration de Stamboul, du fanatique Méhémet-Ali, beau-frère du sultan, qui menaçait ouvertement de couper les têtes, et faisait trembler, on le sait, le sultan lui-même, en évoquant le fantôme de la religion et le poignard des softas. Cette réponse négative a donc été formulée par un acte public revêtu de la signature de tous les hauts dignitaires de l'empire, en activité de service ou en retraite; de tous les premiers secrétaires des ministères et des chefs du corps des ulémas; en un mot, de tous les individus dont aurait pu se composer un ministère quelconque. L'ambassadeur anglais avait suggéré cette idée aux Turcs en les assurant que rien ne saurait mieux relever aux yeux des populations de l'empire, et surtout aux yeux de l'Europe, la noble et indépendante attitude de la Turquie, et lui attirer sympathie et assistance dans ses démêlés avec la Russie. Cet acte a été imprimé avec les signatures des dignitaires susmentionnés et il a été distribué avec profusion dans toute l'étendue de l'empire. Qu'il nous soit permis de croire que l'habile lord connaît assez les théories gouvernementales pour avoir mieux apprécié, dès le

principe, que ne l'ont fait les ministres turcs, la portée
d'un acte contraire, par son essence même, aussi bien
que par sa forme, à toutes les théories, et qui dès lors
mettait la Turquie dans l'impossibilité d'accéder à aucune des propositions de la Russie, fussent-elles même
appuyées, et très-sincèrement appuyées, par le concert
européen. C'est qu'en effet on n'a jamais vu un gouvernement despotique recourir si étourdiment à une forme
constitutionnelle, tout en se réservant la faculté despotique d'imposer une opinion préconçue. Le secret des
conseils dans les gouvernements despotiques n'est livré
au pays qu'à l'heure d'une décision suprême. Dans les
gouvernements représentatifs, le ministère défend son
opinion dans les Chambres contre les arguments de
l'opposition. Si, plus tard, les circonstances obligent la
couronne à renier l'opinion du ministère, elle appelle
l'opposition dans son conseil, en conservant ainsi l'indépendance de son action. Mais la Turquie bravait
tous les principes et toutes les théories, et sacrifiait son
indépendance au plan d'un ambassadeur, afin de rendre
la guerre inévitable. En admettant que le sultan, mieux
éclairé par les conseils de ses alliés, et forcé par les
circonstances les plus impérieuses, eût voulu plus tard
accéder aux propositions russes, quel ministère aurait-il
pu former, soit pour entamer la négociation, soit pour
exécuter ses engagements, une fois que tous les hommes
capables de former une administration quelconque
avaient compromis leur nom aux yeux de la nation et

de l'Europe, par la publicité d'un acte aussi péremp-
toire, au nom de l'honneur et des intérêts de l'empire?
Quant à la sincérité de l'opinion des signataires, il
suffit de nous rappeler que nous sommes en pays turc;
il suffit d'observer qu'entre autres signatures il y a
aussi celle du vieux Khosrew, qui n'a jamais cessé, dès
le principe du débat, de prêcher la paix, de blâmer
l'entêtement du ministère, d'infliger les sarcasmes les
plus amers aux fauteurs des désastres qu'il a prévus à
temps. On se rappelle l'apologue raconté par lui et
répété dans les bureaux de la Porte, de ce saraf (ban-
quier) arménien condamné par le pacha à choisir
entre une amende de 1,000 bourses, un repas d'oi-
gnons crus, et mille coups de bâton sur la plante des
pieds (1).

(1) Cet apologue a figuré dans le temps, et avec un grand à-propos,
dans les lettres écrites de Constantinople, par M. Xavier Raymond, et
insérées dans le *Journal des Débats*.

CHAPITRE TROISIÈME.

I

Tandis qu'on faisait à la malheureuse Turquie la position que nous venons d'indiquer, on continuait à négocier avec la Russie, et tout en provoquant la guerre on prêchait la paix. Si au commencement des négociations on plaça la Russie dans une impasse, selon l'expression d'une dépêche russe, plus tard on l'acculait à un abîme, où gouvernement et nation ne voyaient plus que décadence et ruine.

L'opinion publique de l'Europe se laissait égarer par

le travail souterrain de la diplomatie, qui n'offrait au
grand jour que des lueurs de paix, et par les vociféra-
tions de la presse, qui, d'accord avec les apôtres de la
révolution, lançait l'anathème à la Russie. Le gouvernement russe, de son côté, défendait scrupuleusement
aux journaux de l'empire la reproduction de tout article qui, froissant le sentiment national, aurait provoqué dans le pays une réaction de haine contre l'étranger. Il ne procédait pas non plus à des armements
sérieux, et malgré la déclaration de guerre de la Turquie, il n'entretenait dans les principautés que le strict
nécessaire pour la défensive. Il ne défendait pas même
l'exportation des céréales au plus fort de la disette dans
l'Occident. C'est la meilleure preuve que nous puis-
sions donner de la bonne foi de la Russie dans tout le
cours des négociations. Il est évident qu'elle a été prise
au dépourvu, et que sa diplomatie, dont on a de longue date préconisé l'habileté, dans le but de semer des
défiances, a été trompée pour avoir cru à la probité de
ses adversaires. Dans cet intervalle, tous les rôles ont
été tellement intervertis, toutes les théories du droit
des gens si habilement interprétées, que le combat na-
val de Sinope a pu être considéré à peu près comme
une infraction aux traités, et qualifié de boucherie à
l'égard des Turcs, d'insulte à l'adresse de l'Angleterre
et de la France. On a affecté de mettre presque en pa-
rallèle Sinope et Copenhague.

II

C'est ainsi que se sont écoulés les derniers mois de 1853, et ce n'est qu'après le mois de janvier de la présente année que la Russie sortit de son système de modération en relevant fièrement le gant, en ordonnant des armements et en autorisant une plus grande publicité des faits dont elle avait cherché à atténuer l'influence sur l'esprit de ses populations. Les scrupules du gouvernement à ce sujet et son désir de modérer les passions populaires, même à l'égard des Turcs, avaient été poussés si loin, que la censure n'avait pas jusqu'alors permis aux journaux de publier les atrocités commises par les Turcs à la prise du fort Saint-Nicolas, dès le début des hostilités, telles, par exemple, que le supplice d'un prêtre broyé entre deux planches, et celui d'un prisonnier civil, d'un préposé à la douane, natif du Gouriel, qui fut crucifié le lendemain de l'assaut, par les soldats de Sélim-Pacha, avec l'appareil du martyre selon le récit évangélique, pour mieux retremper le fanatisme de la troupe. Ce n'est donc qu'en février que l'esprit national a pris l'éveil en Russie, en répondant à l'insulte de l'étranger par des chansons patriotiques populaires, par des dons volontaires, par des accents et par des faits qui n'ont de précédents que dans la guerre nationale de 1812. et qui sont peut-être encore plus formidables en proportion de la vieille haine du Russe contre l'oppresseur de son église et du berceau de sa foi. A l'époque de l'invasion de 1812. le peuple ne voyait qu'un seul ennemi — Napoléon, et le rendait seul responsable de toutes les calamités de la guerre. Aujourd'hui il voit dans les deux nations de l'Occident des satellites de Mahomet. Alors il n'avait pas encore le sentiment de sa **force**: il n'avait pas encore parcouru en libérateur les capitales de l'Europe et renversé le géant; aujourd'hui le sentiment de sa force réelle et de son développement politique, intellectuel et moral, est exalté par la présomption d'une puissance invincible. aussi bien que par la sainteté de la cause qu'il est appelé à défendre. Nous ne croyons pas à la puissance invincible de la Russie, mais pour quiconque a étudié le caractère des peuples slaves. soit dans leur histoire. soit dans les manifestations de leur vie politique contemporaine, il est évident que, dans l'état actuel des esprits en Russie, il faudrait dix années entières de désastres successifs et sans répit pour ébranler la confiance que la nation entière a en elle-même et dans son gouvernement. Nous croyons aux prodiges accomplis au nom de la gloire militaire; mais nous pensons que le sentiment du devoir et de la confiance, qui est le fond du caractère moral de l'armée russe. inspire un courage plus persévérant que le prestige de la gloire : et lorsque ce sentiment du devoir et de la confiance est trempé dans les convictions religieuses

qui animent aujourd'hui le peuple et l'armée russe,
nous croyons cette armée supérieure à tous les dangers.

Nous avons voyagé en Orient, en compagnie d'un co-
lonel français, vétéran de la grande armée. Il était ca-
pitaine à la bataille de Krasnoié : l'impression la plus
profonde et la plus émouvante qu'il en conservait était
celle de l'heure du soir, lorsque le feu cessait de part et
d'autre sur toutes les lignes, comme par une convention
tacite entre les combattants; il était aux avant-postes
à une très-petite distance d'un bataillon ennemi; le
calme des soldats russes appuyés sur leurs fusils et re-
gardant les Français avec une apathique bonhomie,
après les labeurs sanglants de la journée, inspirait aux
Français une frayeur superstitieuse. On comprend le
mot de Napoléon, que ces soldats-là, après les avoir mi-
traillés, il faut encore aller les renverser, parce qu'ils
restent toujours debout.

III

La guerre actuelle prend, dès son début, le caractère
d'une guerre nationale pour la Russie : les menaces di-
rigées par les flottes alliées au nord et au sud de l'empire, contribueront à développer de plus en plus ce caractère, et, comme en 1812, un premier désastre, une

première défaite ne serviraient qu'à l'exalter. La guerre d'Orient ne pourra jamais devenir une guerre nationale pour les peuples de l'Occident. Elle pèsera de plus en plus de son fardeau matériel et moral sur les gouvernements qui l'ont provoquée. Les passions populaires mises en jeu par les déclamations de la presse et de la tribune ne seront pas de longue durée. Se flatte-t-on d'en finir en une campagne? et les succès les plus éclatants au début de la guerre, la destruction des flottes de la Russie et de ses villes du littoral, réduiraient-ils à demander la paix un gouvernement qui se sent invincible dans les sympathies de la nation, et qui, en présence du sentiment national qui fait sa force, ne ferait que prononcer sa propre condamnation en acceptant une paix humiliante, lorsque la nation parle d'une guerre à outrance, et paraît en ce moment inépuisable en énergie et en ressentiments?

On se demande dans les classes populaires : Qu'avons-nous donc fait à ces hommes de l'Occident pour qu'ils nous insultent et qu'ils nous menacent de la guerre? Ils viennent s'enrichir chez nous, et nos richards vont dépenser leurs revenus chez eux: nous leur vendons du blé, et du chanvre, et du bois, choses utiles qui ont leur prix en tout lieu: ils ne nous envoient que des chiffons. Il y a quarante ans, ils ont dévasté notre pays, pillé nos églises, profané les tombeaux de nos czars: et lorsque l'empereur Alexandre nous a conduits chez eux, nous n'y avons pas brisé une vitre; ils veulent de nouveau nous faire la guerre, parce que notre empereur a défendu aux Turcs de persécuter la foi orthodoxe.

IV

On aura beau, en Occident, subtiliser les choses et élaborer les plus belles théories sur le système de l'équilibre européen et sur la nécessité de mettre un frein à l'ambition moscovite et à ses envahissements: nous doutons qu'on puisse combattre ce raisonnement du peuple russe, simple et juste, parce qu'il est fondé sur la vérité et la justice, et qu'il n'a pas besoin d'artifices et de subtilités pour émouvoir l'esprit. Les peuples ne comprennent jamais que les idées simples comme celle-là, et c'est pour cela que ces idées seules entraînent tout avec un élan qu'aucun calcul politique, aucune arrière-pensée ne peuvent dompter ou ralentir. Dans le monde des faits matériels, les idées simples, vraies ou fausses, conservatrices ou subversives, mais exemptes de complications et supérieures à la théorie, sont les seules qui aient produit de grands résultats. Des idées simples ont créé des religions; les théories et les subtilités n'ont enfanté que des sectes et des hérésies. Des révolutions et des conquêtes, comme aussi les réformes politiques dont les résultats n'ont pas été éphémères, se sont accomplies sous la devise d'une idée simple, à la portée du bon sens des masses, et qui ne réclame pas, pour être comprise, le privilége d'une intelligence raffinée.

Pour émouvoir les peuples de l'Occident contre la Russie, on les entretient depuis bien des années de ce fantôme qui menace d'envahir le monde. On ne produit qu'une émotion factice et bruyante. Quel que soit l'empire du mensonge en ce monde et la puissance du sophisme sur l'esprit des hommes, nous aimons à croire qu'à la longue le bon sens des peuples en fera raison. Pour ce qui est de l'Angleterre, nous reconnaissons que, dans l'esprit d'une nation qui sent instinctivement combien son existence est factice, et qui flotte entre toutes les craintes, — débarquement sur ses côtes, émancipation de ses colonies qui alimentent sa vie industrielle, renouvellement du système continental, etc., — les fantômes paraissent des réalités. Le peuple anglais n'est-il pas, à l'heure qu'il est, condamné à avoir peur d'une chimère? car, certes, la Russie ne menace ni ses côtes, ni ses colonies; et quoi qu'on ait dit de ses projets sur l'Inde, elle n'a pas la pensée d'exécuter le décret de mort lancé jadis par Napoléon contre le peuple anglais. Vous ne faites donc qu'évoquer des fantômes pour rendre populaire en Occident une guerre qui, pour la Russie, est, dès son début, et par le fait des plus impérieuses réalités, une guerre nationale. Sous ce rapport nous croyons que les chances ne seront pas égales.

V

On effraye les imaginations par les projets d'envahissement attribués à la Russie. Sans doute, à l'époque
où cette puissance fit son entrée dans le système politique de l'Europe, elle devint menaçante pour ses voisins. Il ne pouvait en être autrement. Un État jeune et
vigoureux, en recevant le baptême de la civilisation
moderne, se créait des besoins qu'il devait satisfaire
par un développement proportionné à ses destinées et
en rapport avec la position que lui avait assignée la Providence, entre l'extrême Orient et l'Europe, en rapport
avec ce rôle intermédiaire entre deux mondes. Il lui
fallait des mers et des ports, des débouchés au nord
comme au sud. Les successeurs de Pierre le Grand ont
fidèlement accompli la tâche qui leur était léguée par
ce génie, dont les conceptions et les prévisions à travers
le voile impénétrable des destinées de son empire,
forment aujourd'hui encore un code, une révélation politique pour les hommes d'État de ce pays. Depuis le système des voies de communication et le plan des villes,
depuis l'industrie manufacturière qui était toute à créer,
et le commerce extérieur dont les premières étapes furent posées par le fondateur même du nouvel empire,

jusqu'à ces frontières naturelles que Pierre était allé tracer en personne et parfois sans succès, luttant contre l'adversité et les hasards de la guerre, sur la Baltique et sur le Pruth. sur les bords de l'Euxin et au Caucase— on retrouve partout l'idée première de Pierre le Grand. Ce qu'il n'a pas pu accomplir fut légué au génie de ses successeurs. Un siècle après lui, les conquêtes matérielles de la Russie étaient accomplies, mais tout un siècle n'a pas suffi à l'accomplissement des travaux prescrits par Pierre le Grand pour le développement des ressources matérielles de son empire. A l'exception d'un petit nombre de canaux, la Russie, au commencement du règne actuel, était encore privée de voies de communication qui devaient lui ouvrir une nouvelle ère de prospérité et de richesse, un développement commercial et industriel, en rapport avec les besoins de l'Europe et de l'Asie. Celui qui est monté sur le trône de Pierre Iᵉʳ, précisément un siècle après lui, a clos la liste des conquêtes, dont l'accroissement serait désormais un fardeau plus dangereux qu'utile. Il a porté son attention sur les projets de routes, de canaux, tracés sur la carte de la Russie par la main même de Pierre le Grand. et sur les voies ferrées dont la vapeur a, de nos jours, doté le monde. Il a compris et il a prouvé au monde que sa grande tâche, à lui. était la continuation du travail intérieur préconçu par son aïeul.

Il s'est trouvé en dernier lieu des hommes assez hardis pour faire remonter les calomnies les plus absurdes

jusqu'à la tombe de Pierre le Grand, en supposant des
testaments apocryphes qui léguaient à ses successeurs
la tâche de démolir le saint-empire romain et d'envahir
l'Allemagne. Ces bruits ont été accrédités par les journaux à l'époque même de la campagne de Hongrie. On
a cru dans le temps à bien des absurdités du journalisme, comme on croit aujourd'hui à des mystifications
plus habiles, sorties de régions plus élevées. A nos yeux
ces absurdités mêmes et ces mystifications prouvent
néanmoins que l'Europe croit à la persévérance de la
Russie dans l'accomplissement de l'œuvre de Pierre le
Grand (1).

Or, à l'époque où nous croyions définitivement close
la carrière des conquêtes et des agrandissements terri-
toriaux de la Russie dans la mesure du nécessaire et de
l'utile, pour ne pas dire du possible, à l'époque où cet
empire, loin d'être une menace pour ses voisins et
pour l'Europe, devient le gardien le plus fidèle et le
plus désintéressé de leurs droits et de la paix du
monde, en 1815 comme en 1848, et qu'en même temps
il porte son activité à l'accomplissement d'un labeur

(1) Les absurdités débitées sur la Russie formeraient une assez plai-
sante encyclopédie. Nous regrettons de trouver des noms honorables
parmi leurs auteurs. M. Saint-Marc Girardin a mis son nom au bas
d'un article qui racontait comme quoi une voiture toujours attelée,
depuis le règne de Catherine, attend, dans la cour du ministère des
affaires étrangères, le moment de porter à Constantinople une image
de sainte Sophie.

pacifique dans son intérieur, une frayeur rétrospective
et factice saisit les esprits, et des projets d'envahissement, dont il n'était nullement question à l'époque de
l'incorporation successive de la Crimée et du Caucase,
de la Pologne, de la Finlande et de la Bessarabie, des projets fabuleux et absurdes sont attribués à la Russie. La
multitude y croit. C'est son privilége. Elle se repait en
tout lieu et à toute époque du merveilleux et de l'impossible. Mais vous, hommes politiques, esprits sérieux et supérieurs, y croyez-vous? Vous n'y croyez
pas, mais vous laissez dire; vous laissez grandir cet
épouvantail, si vous ne le nourrissez même pas par vos
insinuations, par vos demi-mots, qui sont le sel attique
de la ruse! et ne voyant dans la Russie qu'un rival
trop imposant, un protecteur des droits que votre
orgueil et votre intérêt n'ont que trop souvent mécon-
nus, vous jouissez des défiances qu'elle inspire à vos
populations et vous considérez ces défiances répulsives
comme une garantie d'impunité pour vous. Vous ne
voulez pas de l'ascendant moral de la Russie. Pour
vous exprimer toute notre pensée avec la franchise des
convictions qui sont fondées sur des faits patents et
publics, que vous cherchez à voiler derrière un rideau
usé et troué — celui de l'équilibre européen, — votre
plan se réduit à la formule pratique suivante : l'Angleterre a réussi à accaparer la coopération de la
France pour réaliser ses plans en Orient contre la
Russie; la France espère accaparer à son tour la co-

opération de la Russie et de l'Autriche pour réaliser ses plans en Allemagne et compléter ce que l'empereur des Français a de tout temps considéré comme sa mission providentielle : la restauration de l'empire et de ses frontières naturelles. L'idée est éblouissante : elle est napoléonienne. Mais l'Allemagne entière jetterait-elle son poids dans la balance pour une cause qui n'est pas la sienne, et compromettrait-elle ses destinées au profit des convoitises mercantiles de l'Angleterre et de l'ambition déroutée et mal assouvie de la France? Ne comprend-elle pas instinctivement que la frontière du Rhin impliquera tôt ou tard son complément inévitable, le protectorat de la confédération; que le protectorat à son tour a besoin d'un autre complément, le blocus continental et la guerre maritime, qui, ayant acquis aujourd'hui un instrument nouveau, la vapeur, conduira les Français sur la côte anglaise?... Nous n'irons pas plus loin dans cette série de déductions, qui disparaissent devant l'éternel principe de l'histoire, de ne jamais se répéter, et devant la loi imposée à l'humanité, de ne jamais remonter le courant, malgré la persévérance que met l'homme, depuis le temps du roi Salomon, à répéter toutes ses folies. L'Autriche et la Prusse, pour avoir commis la faute de ne pas prévenir dès le principe les complications actuelles, ce qu'elles auraient pu faire en adoptant une ligne de conduite non équivoque, et en se pénétrant du principe que c'est une triste sagesse que celle qui consiste à éviter toute mesure complète, à ne jamais brûler ses vaisseaux ni dans une mer, ni dans une autre, ces deux puissances consentiront-elles à expier leurs fatales hésitations, en acceptant la tâche qui leur serait dévolue de défendre contre la Russie les terres qui leur auraient été offertes en échange du sacrifice de leur honneur? Pour la réalisation de ces plans, la politique des cabinets d'Occident a conspiré avec celle de la démagogie allemande qui cache sa vénalité sous le masque de la passion. Des frayeurs factices discréditent la Russie en Orient comme en Allemagne, et vont jusqu'à représenter comme un projet de bouleversement le fait si simple de la sollicitude de la Russie en faveur de son Église nationale, que la propagande a persécutée en Orient, en exploitant l'ascendant de l'Occident sur les Turcs, jusqu'à pousser la Russie à la nécessité d'une intervention. Cependant l'attitude actuelle des alliés de la Turquie et les lois qu'ils lui imposent, prouvent jusqu'à l'évidence que les propositions de la Russie n'avaient d'autre but que la conservation de la paix en Orient; car la paix aurait été conservée, si le cabinet russe eût réussi à faire entendre à la Porte que, dans la carrière si hasardeuse des réformes, la seule réforme qui pouvait prolonger son existence était celle de son régime oppressif à l'égard des chrétiens. Dans sa franchise toute chevaleresque, l'empereur Nicolas ne s'est pas posé en champion de l'empire ottoman, qu'il a considéré comme un malade voué à une mort certaine, mais il a voulu préparer les voies à une régénération politique, morale et chrétienne de l'Orient, et garantir la paix du monde en vue d'une crise prochaine. Il ne se réservait que la satisfaction morale d'un souverain et d'un chrétien, qui accomplit ses devoirs envers son peuple en donnant une juste satisfaction à ses sympathies religieuses, et envers son Église qui depuis des siècles attend son salut de la Russie, sa fille cadette.

Mais les hommes politiques de la France et de l'Angleterre ont saisi avec empressement le prétexte de cette initiative de la Russie pour produire les complications actuelles et pour isoler cette puissance. Ils se félicitent de leur succès diplomatique autant que de l'égarement de l'opinion publique de l'Europe entière. Nous savons que l'opinion la plus dénuée de tout fondement devient une puissance réelle, à force d'entraîner les masses, les faibles d'esprit, les caractères flottants de la génération actuelle et jusqu'aux gouvernements peu remis encore du vertige de 1848, et profondément ébranlés dans le principe même de leurs traditions politiques. qui est le principe vital de tout gouvernement.

VI

Qu'il nous soit permis de vous distraire de votre triomphe actuel que vous considérez sans doute comme

un gage de succès plus positifs, et d'appeler votre
attention sur les conséquences de la réaction qui se
manifeste à l'heure qu'il est en Russie même, et dont
nous avons parlé plus haut. Nous ne croyons pas que
l'Europe doive s'en féliciter. Vous avez jeté à profusion
dans le sol russe des semences de haine contre l'Occident. Une nation, assez jeune encore pour rêver des conquêtes, confond dans ses chansons, dans cet élément si
puissant de l'éducation des races slaves, les peuples de
l'Occident avec les oppresseurs de sa foi. Les progrès
de la civilisation, le prestige de la mode, les vins de
France, la vapeur, les mille petits conforts offerts à la
vie de l'homme par le génie inventif de l'Occident, con-
tribuaient puissamment naguère encore, et malgré les
misères publiques et privées de 1848, à cimenter les
liens établis entre le peuple russe et l'Occident par
l'introduction de la civilisation occidentale en Russie.
Déjà les classes élevées de la société étaient gagnées à la
cause de la famille européenne, et lui prodiguaient leurs
prédilections et toutes leurs sympathies. Des classes
élevées, ces idées et ces sentiments s'infiltraient progressivement dans les masses. Nous nous en référons au témoignage de tous les voyageurs qui, ainsi que nous, ont
visité la Russie durant le dernier quart de siècle, comme
de tous ceux qui, en Allemagne, en France et en Italie,
ont cultivé la société des voyageurs russes. Évidemment
la Russie *s'occidentalisait* au profit de l'Occident, et
son gouvernement, eût-il été même contraire à cette

tendance, n'avait pas le moyen de l'arrêter, ou plutôt il suivait lui-même le flot du temps. Que se passe-t-il aujourd'hui en Russie? Par un revirement irrésistible du sentiment national, le pays, sensible à l'insulte que lui fait l'Occident, tend à remonter à son vieux principe oriental, hostile à l'Europe : il tend à répudier l'élément occidental qui envahit cette masse de soixante et dix millions d'hommes, conquis par le génie pacifique de la civilisation à la société moderne. « Tant mieux, dira-t-on : la Russie n'a qu'à reculer d'un siècle et demi, à rentrer dans sa vieille barbarie, à remonter au temps de ses grands-ducs de Moscovie, à transporter sa capitale de la Baltique au Kremlin, et ses frontières du Pruth et de l'Araxe au Dnieper et au Don. En fait de convives au banquet de la civilisation moderne, nous préférons les Turcs, qui sont plus accommodants, nous l'avons dit plus d'une fois, surtout depuis que la Russie les a habitués à être battus. »

VII

Nous croyons à la sincérité de votre vœu. Mais d'abord nous ne pensons pas que le continent de l'Europe, même abstraction faite de toute condition de progrès partiel de civilisation, comme élément d'utilité commune, eût à gagner à ce pas rétrograde de la Russie.

Si cependant des vues étroites et un égoïsme imprévoyant vous font préférer la théorie contraire, nous ajoutons qu'en second lieu votre vœu n'est guère réalisable. Jamais peuple n'a recommencé son histoire. Le colosse a reçu son impulsion, et vous n'arrêterez pas sa marche. A ceux qui ne croient pas à la Providence et à la manifestation des desseins de Dieu par des génies tels que Pierre le Grand et par des nations telles que la masse compacte et homogène du peuple russe, à ceux qui ne reconnaissent pas la force prodigieuse de l'élément russe qui absorbe, en se développant, les peuples musulmans même embrassés par lui pour les civiliser et pour les associer à ses destinées politiques, à ceux-là nous conseillons l'examen des faits matériels, de l'organisation militaire et administrative de cet empire, avant que d'admettre l'hypothèse d'une nation et de tout un système politique rétrogradant de deux siècles; car ce serait admettre également l'hypothèse de l'Europe reculant aux conditions internationales du XVIIe siècle. L'histoire ne recule jamais. Les États naissent, se développent, accomplissent leurs destinées en rapport avec leurs forces morales et matérielles, puis ils meurent, comme meurent les individus, les uns vieux, les autres jeunes, de mort naturelle ou de mort violente, quelquefois par accident; mais jamais un adolescent n'est redevenu enfant; et l'expérience autrefois en vogue de rajeunir un vieillard, en injectant dans ses veines un sang plus jeune et plus riche, est abandonnée depuis

longtemps. Certes la Russie n'est pas arrivée encore à
ce terme fatal, où la vie ne saurait se prolonger que par
des expédients et par les moyens factices de la science.
Les nations qui ne peuvent plus vivre que d'industrie
et de commerce, en absorbant les richesses des autres
nations, ce sang du corps social, celles-là font sous nos
yeux la triste expérience de la transfusion. Quant à la
Russie, elle vit bien de sa propre vie, de ses propres
ressources, et par une faveur spéciale de la Providence
elle pourrait, à la rigueur, se passer du monde entier.
Il est de l'intérêt de l'Occident que la Russie, au lieu de
s'isoler moralement et matériellement, s'habitue au contraire de plus en plus à la communauté des besoins
moraux et matériels avec l'Occident, au risque même
de participer aux maux qui altèrent le sens moral de
notre société moderne.

VIII

La Russie est le seul État qui, durant la crise
de 1848, n'ait pas été exposé à l'invasion du flot so-
cialiste et révolutionnaire. On sait qu'à cette époque
les paysans polonais saisissaient eux-mêmes les émis-
saires de Posen et de Gallicie pour les remettre à l'autorité, et que les provinces allemandes de l'empire
offraient comme don volontaire quelques milliers de

chevaux au gouvernement pour la remonte de l'artil-
lerie. Tel était l'esprit public sur la frontière occidentale, où venait s'amortir la vague qui renversait l'ordre
social. Cependant l'empereur Nicolas, intéressé au
repos de l'Europe, et appréciant l'intérêt de son empire
autrement que sous le point de vue de l'égoïsme et de
l'isolement dont l'Angleterre donnait à la même époque
les plus scandaleux exemples, armait ses réserves; son
attitude comme aussi son action dans le Danemark, en
Hongrie, dans les principautés du Danube, contri-
buaient à conjurer l'orage. Alors et depuis, les prétextes
ne manquaient pas plus que les moyens pour réaliser
les projets les plus hardis qu'on lui impute depuis
vingt ans, projets aussi peu compatibles avec l'honneur
du souverain qu'avec l'intérêt de l'empire. Il s'occupa
de chaussées, de canaux, de chemins de fer, des
mines de la Sibérie, d'expositions industrielles et agri-
coles, du changement du système monétaire, de la création de nouveaux établissements de crédit, de la suppression de plusieurs corvées, d'édifices publics, de
monuments et de beaux-arts, et loin d'augmenter l'ef-
fectif de l'armée, il diminua le terme du service militaire, réduit successivement sous son règne de 25 à
15 années. Au dehors ses conquêtes, cet épouvantail
des esprits faibles, se bornaient à la conclusion de traités
de commerce avec la plupart des États secondaires, ap-
pelés à jouir, en cette matière, de bénéfices dont ils ne
peuvent pas offrir l'équivalent à la Russie. En même

temps, au lieu d'exploiter à son profit l'ébranlement de l'empire autrichien et les rivalités politiques et commerciales de ses deux voisins, il vouait toute sa sollicitude à aplanir les difficultés survenues entre la Prusse et l'Autriche, et son influence politique à déjouer les intrigues anglaises, partout où il pouvait les atteindre, pour assurer le repos du continent.

Nous nous complaisons à voir dans l'attitude de l'empereur Nicolas vis-à-vis de l'Occident, durant la crise de 1848, un complément à celle de son frère, lorsque, arbitre de l'Europe, l'empereur Alexandre garantit la force et l'intégrité de la France et réalisa ainsi, non plus par un pacte écrit, mais par un pacte moral bien autrement sacré, la grande idée de Napoléon — l'alliance de la France et de la Russie, idée que Napoléon poursuivait, sous l'inspiration du démon de la conquête, jusque dans sa guerre contre la Russie.

Après de tels et de si éclatants gages de modération de la part de deux frères dont le règne remplit un demi-siècle, cette époque de la plus grande gloire militaire de la Russie, quel doit donc être aujourd'hui le sentiment du peuple russe aux cris de cette haine du nom russe qui retentit dans l'Occident, et en présence de cette coalition agressive, cimentée par le mercantilisme anglais et par la politique personnelle et aventureuse de l'héritier de Napoléon?

IX

Ainsi vous ne ferez reculer ni la frontière ni la civilisation de la Russie. mais vous rendrez la Russie menaçante pour l'Europe, en voulant l'en expulser. et vous réaliserez le fantôme que vous avez évoqué dans votre haine contre ce pays. Vous espérez priver l'Allemagne d'un appui moral. et l'Europe d'un puissant élément de conservation. Vous n'y réussirez pas. mais vous arrêterez les tendances si prononcées de la Russie à se confondre définitivement avec les nations de l'Occident. Vous raviverez l'esprit de sa nationalité distincte, qui a passé sa jeunesse dans un isolement complet. et en sortit un jour pour étonner le monde de sa séve si puissante, de sa juvénile activité. combinée avec la raison de son gouvernement rapidement mûrie au foyer de la civilisation européenne. Ce que la Russie a acquis en expérience politique est désormais inaliénable : il en est de même du développement administratif et industriel. des finances et du crédit foncier. mieux assuré que dans aucun autre État. et qui pourrait émettre des milliards d'assignats (1).

(1) Voyez l'ouvrage statistique : *Études sur les forces productives de la Russie*. Paris, Renouard, 1852-1854. On sait que le tiers des terres

En présence de telles conditions de force morale et matérielle, en rapport avec l'essence d'un gouvernement absolu, nous pensons que les revers mêmes au début de la guerre ne seraient pour la Russie que des gages de plus éclatants succès : ils imprimeraient un nouvel essor à ces énergiques sympathies de la nation entière pour la cause dont le gouvernement s'est constitué le champion. La foi, qui a de tout temps enfanté des miracles, conserve sa ferveur primitive dans un pays dont le gouvernement est investi d'une puissance morale bien autrement efficace que son armée d'un million d'hommes. Malgré le ton prophétique de l'anathème lancé contre la Russie par un ministre anglais, nous ne partageons pas l'opinion de Sa Seigneurie quant à la situation désespérée où, selon lui, se trouverait cette nation.

Des hommes politiques, qui de longue date prévoyaient l'approche d'une lutte entre les deux puissances rivales, cette lutte dont l'éventualité était considérée en 1849, par le *Journal des Débats*, comme le cataclysme de la civilisation moderne, félicitent aujourd'hui l'empereur Nicolas de ce que la mauvaise foi de son ennemi l'a forcé d'entrer dans la lice, et considèrent comme une faveur spéciale de la Providence que la lutte s'engage au nom de la foi orthodoxe, qui sanctifie

labourées de l'empire appartient à l'État, et que l'autre tiers est hypothéqué aux banques de l'État. La presque totalité des mines de la Sibérie en plein rapport est la propriété de l'État, qui en fait la concession à des termes fixes.

ses drapeaux aux yeux de la nation. Le mysticisme et
l'exaltation prédominent dans la race slave. La situation
que l'Occident a faite à la Russie lui garantit à l'extérieur le dévouement des populations slaves, grecques
et asiatiques de la communion orientale. Ce dévouement s'était considérablement attiédi depuis 1853, parce
que la Russie, voulant sacrifier ses sympathies mêmes
à la conservation de la paix du monde, avait accepté la
charge de protéger le *statu quo* de l'Orient. Mais depuis qu'elle est obligée d'arborer son drapeau, le dévouement de ses coreligionnaires ne peut plus être
aliéné ni par les subtilités diplomatiques, ni par la propagande révolutionnaire, en présence de l'union sacrilége des drapeaux chrétiens avec le croissant. A
l'intérieur de l'empire, les patriotes exaltés croyaient
naguère encore voir des symptômes de prostration morale causée par les progrès de la fusion de l'élément national avec l'Occident et sous l'influence funeste d'une
civilisation exotique et parasite. A l'heure qu'il est, le
revirement est complet : l'anglomanie et la gallomanie
paraissent avoir fait leur temps. Observons cependant
que, malgré cette disposition qui se manifeste dans
toutes les classes de la société, des milliers de Français
et d'Anglais sont actuellement encore en Russie à l'abri
de toute manifestation malveillante. Ils comptent y rester durant la guerre et s'y livrer, comme par le passé,
à leurs paisibles industries. Plusieurs d'entre eux, in-
dignés de la conduite de leur gouvernement à l'égard

d'un pays qui est devenu pour eux une seconde patrie, se font nationaliser Russes. On a su que l'empereur prenait ces étrangers sous sa protection, et cela a suffi pour leur assurer la bienveillance du peuple. On se rappelle que les officiers des deux bâtiments russes qui, au mois d'octobre dernier, furent obligés d'aller réparer leurs avaries à Plymouth, étaient journellement exposés aux insultes d'un peuple dont le gouvernement prodiguait à la Russie, à cette époque, les protestations de la plus sincère amitié.

X

Parmi les accusations les plus accréditées contre le gouvernement russe, il y en a une surtout qui trouve de l'écho dans les sphères les plus élevées, et qui tend à éveiller les susceptibilités de l'Autriche. Les réclamations mêmes de la Russie en faveur de ses coreligionnaires d'Orient contribuent à donner plus de relief aux projets de propagande panslaviste qu'on lui attribue. Il suffit de suivre avec quelque attention le système et les tendances du gouvernement russe, pour réduire à sa juste valeur une doctrine si contraire à l'essence d'un gouvernement qu'on accuse en même temps d'hostilité permanente contre toute idée de rénovation sociale, et d'obstination passionnée dans la routine de ses traditions. L'idée même du panslavisme n'est pas originaire de la Russie. Enfant perdu de ces théories allemandes, dont le sort est de grandir. de briller et de vieillir dans les langes de leur berceau, elle ne paraît pas destinée à trouver une place dans le domaine des choses prati- ques de ce monde. La théorie des races, en politique, est foncièrement révolutionnaire. et les idéologues seuls des révolutions ont de tout temps voulu l'adopter pour base de leurs systèmes politiques, depuis les Athéniens du Pnyx jusqu'aux savants de la cathédrale de St.-Paul, et jusqu'aux démagogues de Pesth et de Milan. A au- cune époque cette idée des races n'a eu de plus brillants succès, n'a fait plus de bruit qu'en 1848, lorsqu'il ne s'agissait de rien moins que d'une rénovation radicale de notre vieux monde, en commençant par l'autel et par le trône, pour finir au foyer domestique inclusivement.

En philosophie, nous la croyons absurde. Les peu- ples ne vivent qu'en se transformant selon la loi du temps et de l'élément dans lequel ils sont destinés à vivre, comme le corps humain dont la vie n'est qu'une succession de révolutions naturelles, dans lesquelles le temps d'arrêt est la mort. Buffon a dit qu'il y a plus de similitude entre le corps vivant encore d'un vieillard et sa dépouille mortelle qu'entre le même homme dans son adolescence et dans sa vieillesse.

Aucun acte du gouvernement russe, dans sa politique extérieure et dans sa législation. ne révèle la moindre tendance panslaviste. Loin de là, la pensée prédomi-

nante, depuis la fondation de l'empire par Pierre le
Grand, est l'union progressive de la race slave avec les
peuples incorporés par la conquête; et ce travail légis-
latif s'opère avec succès sous l'influence de la civilisation moderne, qui sait cependant respecter et les
traditions nationales du passé et le caractère particulier
à chaque race. Là est le secret de la sympathie qui se
manifeste aujourd'hui d'une manière si éclatante en faveur du gouvernement, en Finlande comme dans la
Livonie, chez les Tartares de la Crimée, qui ne demandent pas mieux que de se battre contre les soldats du
calife de l'islamisme, ainsi que chez les musulmans des
provinces transcaucasiennes, qui se sont si bien battus à
Ackaltzik contre leurs coreligionnaires et leurs anciens
maîtres, et qui, depuis une vingtaine d'années, four-
nissent une excellente cavalerie contre les montagnards
du Caucase.

Les détracteurs les plus passionnés de la Russie dé-
couvrent quelquefois, sans s'en douter, de grandes vé-
rités dont ils pensent se faire une arme contre ce pays,
mais que l'évidence des principes réduit à autant d'arguments au profit de la politique russe. C'est ainsi que
le *Journal de Constantinople*, cet organe du gouvernement turc, après avoir épuisé toutes ses théories du
panslavisme comme drapeau de conquêtes, paraît avoir
trouvé le vrai mot de la chose en accusant, en dernier
lieu, le gouvernement russe de *panrussisme*. Nous
n'entrerons pas dans le développement des doctrines

constantinopolitaines, dont le dernier mot est toujours le même, savoir : que la condition la plus essentielle de la vie et de la paix du monde est la conservation de l'empire turc à Constantinople, et que la Sublime Porte est *la clef de voûte* de l'édifice chrétien de l'Europe. La Russie persiste en effet dans son principe de panrussisme appliqué à la politique intérieure: ou bien faut-il donner une extension universelle à ce mot, et croire que la Russie ambitionne la conquête du monde entier, Allemagne, France, Angleterre, États-Unis, Brésil, Australie, Chine, etc.? Ce serait là le panrussisme de la politique extérieure, et nous ne nous sentons pas le courage d'aborder ce colosse, ne fût-ce qu'en théorie ou en expectative. Pour nous rassurer, nous avons recours au vieux principe : « Qui dit trop ne dit rien, » ainsi qu'à la rotondité du globe, qui réduit toute pensée de conquête universelle à la formule du zéro. Quant au panslavisme, nous en avons beaucoup entendu parler autrefois, non comme d'une idée du gouvernement, mais comme d'une idée dominante dans une partie de la société russe, et qui aurait pu, dans un temps donné, influencer le gouvernement et pénétrer dans le domaine de sa politique. Mais, après avoir visité la Russie et avoir beaucoup cultivé la société russe, nous avons reconnu que l'idée même reposait sur un malentendu, un simple quiproquo de paroles. Pas un Russe ne nous a parlé de panslavisme, mais on nous a longuement et passionnément entretenu du *slavisme,* comme la vraie et sainte source de civilisation pour la Russie, en opposition à l'élément occidental qui l'envahit de plus en plus. Toutes les fois que nous avons voulu faire rouler la conversation sur les Slaves de l'Autriche, sur les Bohêmes et les Illyriens, on nous disait : « Ceux-là appartiennent à l'Occident; ils n'ont qu'à se faire Allemands s'ils ne le sont pas déjà; de plus, ils sont catholiques comme les Polonais, et nous n'avons rien de commun avec la branche occidentale de la race slave, si ce n'est quelques traditions littéraires; pas plus que les Anglo-Saxons d'Europe n'en ont avec ceux du nouveau monde. Mais nous, Russes, nous voulons rester fidèles à nos origines purement slaves, menacées par le contact de l'Occident. »

Tel est le langage du parti slave, le plus exalté dans ses théories. Ce même parti n'en subit pas moins l'influence de la civilisation occidentale, s'exprime en excellent français et puise jusqu'à ses théories même dans les doctrines occidentales bien plus que dans les inspirations nationales ou administratives de l'empire. Quant au gouvernement, il paraît fort peu disposé à abonder dans ces théories peu sérieuses et dont l'application ferait disparaître l'œuvre de Pierre le Grand. L'opinion a le privilége de la discussion en Russie comme partout ailleurs. Pour être comprimée dans ce pays par l'absence de la publicité, elle n'en est pas moins portée à des exaltations littéraires et poétiques; mais aucune nuance de l'opinion slave en Russie n'implique l'incorporation des tribus slaves de l'Autriche et de la Turquie à un empire dont, selon l'aveu des patriotes optimistes même, le côté faible est la trop grande extension territoriale. Attribuerait-on à l'idée du panslavisme la conquête de la Pologne? Ce serait attribuer à une utopie impossible dans l'avenir le droit rétroactif de dénaturer les faits historiques; ce serait prouver une erreur par une autre erreur encore plus palpable.

Le panslavisme a été prêché, il est vrai, mais ce n'est pas en Russie ni par des Russes, et ce n'est pas au profit du gouvernement russe qu'il a été prêché. C'est l'œuvre de l'émigration polonaise en Autriche et en Turquie contre le gouvernement russe; et nous avons de bonnes raisons de dire que l'idée de race dans son application à la politique est une idée foncièrement révolutionnaire. Demandez au Serbe et au Bulgare qui leur prêchait la confédération de toutes les nations de souche slave; demandez aux Grecs si ce sont des savants de Saint-Pétersbourg et de Moscou, ou bien le savant bavarois Fallmeier, qui s'évertuait à leur prouver qu'ils sont plutôt Slaves que Grecs. Le savant que nous venons de citer ne sera certainement pas soupçonné d'avoir servi d'agent à la Russie dans ses écrits et dans ses voyages en Orient. Demandez à la rédaction de la *Revue des Deux Mondes* si les articles de M. Cyprien Robert, ce grand docteur du panslavisme, ont pu traverser le crible de la censure russe.

CHAPITRE QUATRIEME.

I

Si lugubre que soit la perspective que la guerre d'Orient ouvre à la société européenne, au progrès, à la civilisation du monde, nous l'acceptons comme une épreuve de laquelle un ordre meilleur et nouveau doit sortir. Il est dans les destinées de l'humanité qu'elle ne puisse accomplir rien de grand qu'au prix de grands sacrifices et de grandes souffrances. La régénération morale et politique de l'Orient paraît devoir être le résultat providentiel de la crise dont nous déplorons les péripéties. On accuse la Russie d'avoir provoqué cette crise. Pour elle, ce serait se vanter de l'œuvre de Dieu que de prétendre avoir créé la situation actuelle. Elle peut revendiquer la double gloire, gloire immense, d'avoir servi d'instrument au décret de Dieu, et d'avoir mieux apprécié, dès le principe, les choses et les événements de l'Orient, que ne paraissent les apprécier à la dernière heure encore les hommes politiques de l'Occident.

II

Ce que l'empereur de Russie considérait comme une éventualité en 1852, lorsqu'il invitait l'Angleterre à une entente pour prévenir les désastres dont la chute de l'empire ottoman menaçait l'Orient et l'Europe, est un fait accompli en 1854. Car malgré le principe toujours en vigueur *de l'intégrité et de l'indépendance de l'empire ottoman,* principe qui s'efface sous le torrent des conséquences que ses apôtres en font découler, notre foi n'est pas assez robuste pour croire à la vie politique d'un empire dont la capitale est livrée à une formidable flotte, les provinces à une armée d'occupation étrangère, les populations à la révolte, à la guerre civile et à l'anarchie, le gouvernement central à la tutelle avouée d'un ambassadeur, et les autorités locales à la surveillance des agents consulaires pour l'application des lois imposées par l'étranger, et incompatibles avec la loi bien autrement impérieuse de la conservation et du salut même de l'empire.

Se rappelle-t-on la note autrichienne du 20 avril 1841, insérée dans les Livres Bleus? « Un État qui se place sous la garantie d'un autre État, perd la fleur de son indépendance ; il se soumet à la volonté de celui qui accepte le rôle de protecteur, car la garantie, pour être efficace, doit comprendre le droit de protectorat ; et si un seul protecteur est à charge, la protection collective est un fardeau insupportable (1). » La Porte s'attire alors cette leçon du prince Metternich par une démarche spontanée, qui révélait le degré de confiance qu'elle avait dès lors dans ses propres ressources. Elle venait de réclamer les bons offices de l'Autriche pour obtenir la garantie de son existence par des engagements réciproques entre les grandes puissances de l'Europe. Les choses ont prodigieusement marché depuis ; cependant la formule banale de l'intégrité et de l'indépendance, formule qui n'a jamais été appliquée à un État vraiment indépendant, a inspiré

(1) Nous traduisons de l'anglais, n'ayant pas sous les yeux l'original de la dépêche.

assez de confiance aux Turcs, nouveaux adeptes du droit public européen, pour les porter à braver la Russie et pour les conduire là où ils en sont aujourd'hui.

III

En présence de cette lente agonie qui se manifestait jusque dans l'incohérence des procédés d'un gouvernement assez hardi pour vouloir tromper à la fois et braver alternativement la France et la Russie, l'empereur Nicolas, moralement intéressé à prévenir les désastres qui menaçaient l'Orient, fit des ouvertures à l'Angleterre.

On vient de livrer à la publicité ces pièces d'une correspondance intime, comme autant de documents qui prouveraient les vues ambitieuses de la Russie. Si l'on prend la peine de lire avec quelque attention les rapports que le ministre britannique adresse à son gouvernement, après chacune de ses conversations, soit avec l'empereur, soit avec le chancelier de Russie, on voit, d'une part, une mâle franchise de procédés, et ce suprême effort de l'homme qui, ayant le courage de ses convictions, méprise ces détours et ces réticences de la pensée, qui sont dans les usages de la diplomatie ; ses aveux dépassent la sobriété habituelle du langage et inspirent la confiance. De l'autre, on voit un diplomate pénétré du principe de la défiance quand même, ne

répondant que par des généralités et des lieux communs, et fermement résolu à croire que la langue est
donnée à l'homme pour déguiser sa pensée.

Dans les ténèbres de ce *secret confidentiel*, titre
dont on a décoré ces rapports anglais, on aperçoit déjà
une perfidie préconçue, qui se produit enfin au grand
jour par la publication des pièces, dans lesquelles le
ministre anglais rédige, au gré de ses inspirations personnelles, les paroles de l'empereur, et interprète ses
pensées à sa manière. En homme habile d'ailleurs, il
n'oublie pas de se ménager une porte de derrière, en
disant parfois. avec une gracieuse naïveté, qu'il croit
avoir oublié les termes précis de la conversation.

Qu'il nous soit permis de croire que l'opposition à
toute extension du territoire de l'État hellénique, dont
nous ne trouvons aucune trace dans les documents
émanés du cabinet de Saint-Pétersbourg. que cette opposition, qui n'est ni dans les sentiments de l'empereur
Nicolas, ni dans les intérêts de la Russie, et n'a d'autre
avocat que l'Angleterre, est aussi un oubli *des termes précis,* si ce n'est une adroite invention de sir
G.-H. Seymour, destinée à produire de l'effet en temps
et lieu. On sait qu'à côté des dépêches officielles. qui
doivent figurer tôt ou tard dans les Livres Bleus. les
agents anglais font un grand usage de la correspondance
privée. qui souvent ne laisse pas de traces dans le
Foreign-office. C'est là qu'il faudrait chercher la solution de ce problème ingénieux.

IV

Il convenait sans doute à l'Angleterre, qui exploite les misères de l'Orient, d'en prolonger le *statu quo*. Il convenait aussi à son gouvernement, dont le grand but était d'isoler la Russie pour lui faire la guerre, il lui convenait de dire qu'il croyait à la vitalité de la Turquie, et de dénoncer la Russie comme affectant de ne pas y croire, pour précipiter l'heure fatale du dénoûment. A l'heure qu'il est, la presse interprète à sa manière le sens des paroles de l'empereur Nicolas, dans la rédaction évidemment malveillante de ses paroles sous la plume d'un diplomate anglais, et elle les interprète assez largement pour attribuer à la Russie le projet de prendre possession des principautés du Danube et de la Bulgarie (1). Car pour donner un air de réalité au fantôme, il faut bien trouver un intérêt matériel pour la Russie là où cette puissance n'avait qu'un intérêt moral et religieux, celui de la restauration chrétienne de l'Orient, et la suppression d'une anomalie politique, d'une menace permanente contre la paix du monde.

(1) Comme la France a le privilége de l'exagération, on a passablement altéré le sens de ces pièces dans la traduction française. Il y a même un passage où les mots *mer Noire* étant omis à dessein, le sens de la rédaction ambiguë de sir G.-H. Seymour devient tout autre.

Ce que ni la rédaction de sir G.-H. Seymour, ni les interprétations plus hardies et moins adroites de la presse n'ont pu dénaturer jusqu'à présent, c'est la déclaration claire et formelle de l'empereur Nicolas : 1º de ne vouloir pas s'emparer de Constantinople et de ne désirer aucune extension territoriale, aucune conquête ; 2º de ne pas avoir accepté l'héritage des projets formés par son aïeule l'impératrice Catherine II de restaurer un empire chrétien de Byzance au profit de sa famille. Cette déclaration, sortant de la bouche d'un souverain que ses ennemis mêmes ne peuvent accuser d'avoir jamais manqué à sa parole durant vingt-huit années de règne, a une immense portée, et suffit, à elle seule, pour réduire au néant tout l'échafaudage de calomnies et de suspicion dont les matériaux sont puisés dans les dépêches de sir G. Hamilton Seymour. Les architectes de cet échafaudage se sont abstenus de relever une pensée noble et généreuse qui a échappé au diplomate anglais à la fin de sa dépêche du 22 janvier 1853. La voici : « Ce « serait un noble triomphe pour la civilisation du « XIXᵉ siècle, que d'arriver à combler la lacune résul- « tant de l'extension du culte mahométan en Europe, « sans interrompre la paix générale, et cela par suite de « précautions adoptées par les deux gouvernements, qui « sont les principaux intéressés dans les destinées de la « Turquie. »

Ce sont de nobles paroles, et qui font honneur à sir G.-H. Seymour. On voit que le diplomate subit involontairement et sans s'en douter l'empire de la noble franchise du souverain qui l'honore de sa confiance. C'est que la dépêche en question est rédigée en sortant de chez l'empereur, et que le ministre anglais, oublieux du fameux précepte de Talleyrand, s'est fié cette fois à son premier mouvement qui était bon. Après plus mûre réflexion, il en revient dans sa dépêche suivante, et il rentre tout cuirassé dans son système de négation flegmatique de tout danger de bouleversement en Orient; et cela en pleine crise provoquée par l'affaire du Monténégro et par la question des Lieux-Saints, et lorsque l'ambassadeur français avait trouvé tout simple de déclarer à la Porte que la flotte de Toulon était prête à se rendre sur les côtes de la Palestine pour y mettre fin au procès des Lieux-Saints, et après la fameuse démonstration que cette flotte venait de faire à Tripoli de Barbarie, en y violant le droit des gens, malgré les protestations des consuls de l'Angleterre et des États-Unis.

L'aveu du diplomate anglais, que nous venons de citer, en rendant hommage au sentiment qui l'a dicté, devient aujourd'hui une accusation formelle et éloquente contre celui des deux gouvernements *principaux intéressés dans les destinées de la Turquie,* dont la coopération franche et loyale aux ouvertures faites par l'autre gouvernement aurait assuré *ce beau triomphe* à la civilisation du xixe siècle, et dont la malveillance systématique contre son rival a réussi à livrer cette civilisation *aux hasards d'une grande guerre.*

V

Nous croyons que les faits sont l'interprétation la plus sûre et la plus fidèle des paroles et des pensées de l'homme. Si la Russie eût rêvé la conquête de l'Orient à son profit, au lieu d'avoir en vue la restauration chrétienne de l'Orient au profit de ses nationalités, elle aurait fait escorter l'ambassade du prince Menschikoff par sa flotte avec une quinzaine de mille hommes de débarquement ; et au lieu d'envoyer plus tard un corps de trente mille hommes pour occuper les principautés, et y servir d'avertissement à la Turquie et à l'Europe, elle aurait fait franchir le Danube par un corps de trente à quarante mille hommes, qui dans un mois aurait renversé toutes les autorités turques de la Romélie, aurait balayé les faibles garnisons qui occupaient les forteresses, et, sans rencontrer aucune résistance, aurait pris Constantinople. A cette époque, il y avait à peine douze mille hommes de troupes éparpillées sur toute la surface de la Turquie d'Europe, à part la faible garnison de la capitale ; les populations musulmanes n'étaient pas fanatisées, et elles auraient accueilli les Russes avec empressement. Dès l'arrivée de l'ambassadeur russe à Constantinople, l'Europe s'attendait à des actes de résolution et d'énergie de la part de la Russie ; et certes c'était le moyen le plus sûr de terminer heureusement et rapidement la crise, qui n'a pris les proportions actuelles que parce qu'on n'a vu de la part de cette puissance qu'hésitation, temporisation et incertitudes. Eût-elle même mal apprécié les avantages de sa situation d'alors, la voix unanime du continent, en lui attribuant des projets qu'elle n'avait pas, lui indiquait les moyens qu'elle avait pour réaliser ces projets, si en effet ils eussent été les siens. Les journaux de cette époque ont fourni jusqu'à des plans de campagne émanés de main de maître. Que si l'on croit aujourd'hui, en présence des moyens de résistance déployés par la Turquie, que nous exagérons les avantages de l'état de choses au printemps de l'année dernière pour une campagne russe, soit dans la Romélie, soit dans l'Asie, on n'a qu'à consulter le gouvernement anglais, qui est bien informé habituellement, et qui partage nos convictions : nous nous en référons d'ailleurs aux aveux de lord Aberdeen lui-même, devant la chambre des Communes.

Les faits prouvent donc que la Russie, en présence des dangers de l'Orient, n'avait en vue qu'un remaniement paisible, et, comme première condition du succès, elle posait l'émancipation des chrétiens. Cette mesure aurait graduellement mais infailliblement produit, sans violentes secousses, la suppression du régime turc, qui survit à l'existence de l'empire ottoman, considéré comme corps politique indépendant.

On s'applaudit de pouvoir tirer du langage de la Russie les conclusions qu'on livre au public. Cela aide à embrouiller la question, à prolonger la crise, à rendre désormais impossible toute solution pacifique.

Les faits prouvent aussi à quel point a été utile l'habileté dont on vient de faire preuve.

Les faits ont souvent prouvé que les plus grands esprits politiques se rapetissent en présence d'une fausse situation, acceptée par une appréciation erronée des choses.

VI

A l'idée d'une restauration chrétienne de l'Orient les puissances occidentales ont préféré la résurrection du corps politique musulman. Cependant le décès de celui-ci est dûment constaté par l'attitude actuelle de ceux qui croient accomplir un miracle en excitant galvaniquement quelques mouvements convulsifs et incohérents dans le cadavre. Aussi se livrent-ils à des expériences héroïques sur la race qui formait l'élément politique de l'empire. En enlevant au sultan le principal attribut de la souveraineté, le droit de faire la paix, on condamne le peuple turc à verser son sang pour une cause qui n'existe plus, et à se dépouiller de ses croyances religieuses, reconnues incompatibles avec l'état actuel de l'Orient, impuissantes à réformer un empire qui leur devait cependant toute sa séve, toutes ses institutions, toute sa gloire et sa vigueur d'autrefois. tous les principes de sa vie sociale et de sa destinée politique. Cet empire aurait pu vivre longtemps en Asie; il s'est voué à une mort prématurée en s'aventurant sur le sol chrétien de l'Europe. Il y trouve la mort, en venant prendre place au banquet de la civilisation européenne. Cette même civilisation a développé de nouveaux principes de vie et de puissance dans un État voisin, parce que cet État était chrétien et apte à la civilisation, et que Dieu avait confié ses destinées à Pierre Ier, et non à un sultan Mahmoud ou Abdoul-Medjid.

VII

En préludant à l'alliance anglo-turque, lord Palmerston disait, l'année dernière, en plein parlement, qu'aucune nation n'avait fait, durant les trente dernières années, plus de progrès en civilisation que la Turquie. La chrétienté entière n'a pas lieu d'être flattée de la tournure de ce compliment. Il aurait été plus exact de dire que, pendant cette période, aucune nation n'a ruiné, avec plus d'abnégation, son industrie au profit de Manchester. Nous nous abstenons de tout développement sur la situation économique de la Turquie ; qu'il nous soit cependant permis de citer un fait : Damas et Alep possédaient, il y a trente ans, plus de trente mille métiers d'excellentes étoffes de soie et coton. Il en reste, à l'heure qu'il est, mille à douze cents dans ces deux villes. L'ancien ministre des finances de la Turquie, Safveti-Pacha, qui était gouverneur de Damas en 1846, frappé de la misère de cette ville naguère la plus florissante de l'empire, et remontant à la source du mal, a calculé que cette ville seule venait de perdre un bénéfice net en main-d'œuvre de cent vingt mille francs environ par jour. On sait où en sont les finances de la Turquie à l'heure qu'il est, quoique l'impôt y ait triplé sous le règne actuel.

On a voulu présenter au monde comme un progrès moral de la Turquie ce qui n'était en réalité que son agonie, cette prostration de tout principe d'autorité, ce sentiment d'impuissance qui imposait au gouvernement la loi de la ruse au lieu de la force d'autrefois, à l'égard de l'étranger et surtout à l'égard de ses populations. On a dit que le fanatisme musulman était éteint dans les masses, parce qu'il couvait, sous la cendre de sa grandeur, ses haines et ses mépris contre les chrétiens. L'ambassadeur lord Redcliffe, malgré son omnipotence dans les conseils de la Porte, est-il sûr que son portier turc, bien rétribué cependant par l'ambassade, se lève au passage de Sa Seigneurie ? Et ce portier, en adressant la parole à l'ambassadeur, fait-il usage de la plus modeste des épithètes usitées entre les vrais croyants?

VIII

On aura beau remanier, par des mesures violentes, l'état social de l'Orient. cet état est fondé sur le principe du dogme religieux. principe exclusif par son essence même. Les communautés chrétiennes se ressentent aussi de cet exclusivisme, organisées qu'elles sont sur le même principe; et les paroles de paix que l'Église leur répète constamment sont impuissantes à combattre les haines de religion. Comment peut-on prétendre que les Turcs. qui lisent le Coran, et dont ce livre est le code politique et social (nous dirons même plus : il est leur patrie. dans le sens abstrait que nous attribuons à ce mot), comment peut-on prétendre qu'ils acceptent le principe de l'égalité et de l'union politique avec les raïas?

Quel sens donner au progrès constaté par lord Palmerston, lorsqu'il s'agit d'un peuple dont la loi religieuse prescrit : 1° la polygamie ; 2° l'esclavage ; 3° la conversion par la force à la loi de Mahomet ; 4° le mépris des infidèles et par conséquent l'inégalité des droits civils et politiques; 5° le rachat annuel de la vie par tout sujet qui ne professe pas la loi de l'islam; 6° la mort de tout apostat de l'islam, comme aussi de tout homme convaincu d'avoir mal parlé du prophète ; 7° la nécessité de faire mourir les enfants de sang royal pour ne pas compromettre la succession ? Tout cela est bien autrement observé que la défense du vin. Le sultan Mahmoud, tout en buvant outre mesure de l'alcool même, au su de son peuple, jusqu'à mourir du *delirium tremens,* maladie des ivrognes, avait voulu, par excès de tendresse pour sa fille mariée à Halil-Pacha, faire une exception à la loi qui condamne les enfants des princes et des princesses à mourir dans les premiers quarante jours. En effet, on a laissé vivre l'enfant de la jeune sultane près d'une année, et le sultan lui-même prodiguait ses caresses à sa petite-fille. — fait inouï dans la chronique du sérail. Mais les scrupules de la cour et du corps des ulémas aboutirent à une catastrophe : l'enfant fut étouffé dans le bain ; la malheureuse mère mourut de chagrin quelques jours après, et la loi est très-exactement observée depuis. Le père du sultan actuel n'est monté sur le trône qu'en faisant étrangler son frère, qui avait étranglé son oncle. Abdoul-Medjid lui-même observe la loi de la réclusion à l'égard de son frère Abdoul-Azis, de cet héritier présomptif qui ne doit pas avoir d'enfants, et dont les jours ne sont garantis que par la minorité des enfants du sultan.

Depuis quand la moralité n'est-elle plus une condition du progrès, surtout dans les mœurs dynastiques d'une maison souveraine à laquelle on attribue l'honneur du progrès d'une nation?

Et encore nous devons convenir que le sultan actuel est le meilleur homme de son administration, de même qu'il en est le plus inoffensif et le plus impuissant. D'ailleurs eût-il possédé un génie éminent, ses efforts pour introduire la tolérance dans ses États, s'ils étaient même couronnés de succès, n'auraient d'autre résultat que d'en rendre la chute moins désastreuse pour son peuple et pour la paix du monde.

Nos convictions sur l'impossibilité de la tolérance en Turquie, convictions basées sur son élément politique, sont confirmées par l'étude des ouvrages qui ont traité de l'histoire et de la législation de cet empire.

S'il s'agissait pour nous de confirmer, par le témoignage des savants. notre assertion : que la tolérance ne peut être qu'un mensonge officiel sous l'empire du Coran et dans un État où le souverain est le vrai pape de l'Orient, nous aurions pu composer un volume entier de renvois aux savants qui ont doté la littérature de France et d'Allemagne d'excellents ouvrages sur ces contrées. Nous savons qu'on ne lit plus ces ouvrages : on ne lit plus même Volney. qui mieux que tous ses contemporains a su apprécier les Turcs et leur religion, pour avoir vécu des années au milieu d'eux. Il suffit aujourd'hui de les visiter. dans l'intervalle du voyage de deux pyroscaphes, pour acquérir le droit de parler de la Turquie et de ses progrès. On n'accusera pas Volney d'un fanatisme

— 123 —

chrétien, qui lui aurait fait haïr les oppresseurs du christianisme. En fait d'Orientaux, il préfère les Bédouins, qui ont peu ou point de religion. Quant à l'exposition qu'il fait des principes constitutifs du gouvernement turc, principes fatalement invariables, malgré toutes les réformes, elle dépeint mieux que nous ne saurions le faire les rapports de la race dominante et des peuples conquis, sous l'action de l'exclusivisme religieux, de ce principal attribut de tout gouvernement théocratique. Puisque maintenant on ne lit plus que des journaux, qui font de la science et de la politique à peu de frais, qu'il nous soit permis d'indiquer ici, dans le domaine du journalisme savant, un seul document qui se rapporte directement à la question actuelle. Nous en donnons ici le titre et quelques lignes du savant traducteur M. Bélin, *Journal asiatique*, novembre-décembre 1851, IVe série, 18, page 417.

« *Fétua* (1) *relatif à la condition des zimmis* (2)
« *et particulièrement des chrétiens en pays musul-*
« *man, depuis l'établissement de l'islamisme jusqu'au*
« *milieu du huitième siècle de l'hégire,* traduit de l'a-
« rabe par M. Bélin.

(1) Plus communément *fetva*, sentence faisant partie du code religieux des mahométans.

(2) Contribuables, taillables ; ce terme correspond à celui de raïa ou sujet non musulman.

« AVANT-PROPOS.

« Ibn-en-Naqquâch est l'auteur du manuscrit dont
« je donne ici la traduction. C'était un iman supérieur,
« un mufti éloquent, un prédicateur lucide, et il consa-
« crait tout son temps à l'étude des traditions et des
« commentateurs. Il avait acquis des connaissances
« variées et profondes dans les sciences.

« Ibn-en-Naqquâch écrivit le *fétua* qui nous occupe
« dans l'année 759 de l'hégire (1357-58 de Jésus-Christ);
« il y traite de la condition des *zimmis* en pays musul-
« man, des relations qui peuvent exister entre eux et
« les vrais croyants et de la conduite que ceux-ci doi-
« vent tenir envers eux, conformément aux préceptes du
« Coran et de la Sunna. Il a divisé son travail en deux
« parties : la première retrace les principaux traits de
« l'histoire... etc.; la seconde partie contient *in ex-*
« *tenso* les capitulations souscrites par les chrétiens
« pour conserver *leur vie et leur foi;* elle renferme en
« outre les différentes opinions des ulémas sur le main-
« tien ou l'abrogation de ces pactes, et sur les causes
« qui pourraient en motiver l'abrogation. »

Le fétua prouve avec toute l'évidence du sang-froid
et de la science musulmane, en dehors de tout sentiment de fanatisme, que les chrétiens ne doivent porter
d'autre couleur que le noir; que leurs habitations doi-

vent être peintes en couleur sombre ; qu'ils ne doivent pas monter à cheval ; qu'ils ne peuvent être admis à aucun emploi public ; que leur culte ne peut jamais s'exercer publiquement ; qu'ils ne peuvent posséder, ester et tester (1) qu'avec certaines restrictions légales, etc., etc. Tous ces principes sont fondés, avec une parfaite précision logique, sur les lois du Coran, qui sont les seules lois fondamentales de l'empire ottoman ; et certes, aucun docteur de l'islamisme ne saurait émettre le moindre doute sur la sainteté d'une législation infaillible, en raison de son essence et de son origine. Le législateur le plus libéral, le juge le plus généreux deviennent implacables dans leurs convictions, lorsqu'ils sont réduits à fonder leurs doctrines et leurs sentences sur ce qu'ils sont obligés de vénérer non comme une émanation de la sagesse humaine, mais comme une révélation d'en haut.

(1) La conviction du tribunal est obligatoire sur le témoignage de deux musulmans. La loi est inflexible, et aucune considération, aucune évidence ne saurait dispenser le juge de prononcer la sentence fatale. Ce serait attaquer le privilége le plus précieux de la nation entière des vrais croyants. Il suffit que deux musulmans accusent un chrétien d'avoir maudit le prophète, pour que la tête du chrétien soit offerte à la haine du dénonciateur.

IX

Que si l'on espère introduire une nouvelle morale politique et la tolérance religieuse par l'influence de ces Turcs qui ont fait leur éducation en Europe durant les trente dernières années, — période de progrès selon la chronologie anglaise, on voit qu'ils n'ont rapporté à leur patrie d'autre gage de ce progrès qu'une incrédulité absolue; car la religion de Mahomet n'a pas résisté à la lumière de l'Europe, et celle du Christ n'a pas pu pénétrer dans ces âmes corrompues, avides de volupté et de domination, de ces appâts offerts à l'islamisme et à l'apostasie dans l'Orient. D'ailleurs, ils sont tous d'une nullité parfaite et n'ont aucune influence sur la nation, qui se méfie d'eux. Ce qui a fait le plus de progrès en Turquie, c'est sans contredit l'armée. Et cependant pas un officier de distinction n'a surgi jusqu'à l'heure actuelle dans cette foule d'officiers turcs, appliqués, dès leur enfance, à l'étude de l'art militaire dans toutes les écoles de l'Europe, et dont plusieurs sont parvenus au grade de maréchal dans l'armée du sultan. Ce n'est pas l'exercice pratique qui leur a fait défaut, depuis les combats de Homs et de Beylan jusqu'à la guerre actuelle, dont la direction est confiée à un renégat autrichien. L'armée du sultan est la plus active des armées; elle n'a jamais cessé de se battre contre les nations soumises et alternativement rebelles, en Syrie, dans le Kurdistan, en Romélie, en Bosnie, dans le Monténégro, à Candie, à Samos, etc.

Ce que les jeunes Turcs ont gagné en Europe, c'est d'abord tous nos vices, et en second lieu un raffinement nouveau dans l'art de la persécution et de l'oppression du malheureux raïa d'Orient, persécution bien autrement immorale que ne l'était la tyrannie brutale de l'ancien régime turc (1). Il y a peu d'années, l'un d'eux a voulu examiner la liturgie grecque de saint Jean Chrysostome. Il y a dénoncé au gouvernement la prière pour le triomphe des « rois contre les barbares, » prière qui remonte aux temps des fils de Théodose, et que les Grecs de Constantinople continuent à réciter en l'appliquant mentalement aux rois chrétiens contre les musulmans. L'Église a subi l'insulte d'une intervention inquisitoriale de l'autorité musulmane dans le mystère de la messe. Un autre, aujourd'hui maréchal et gouverneur de Bagdad, un des coryphées de la civilisation turque, à l'époque où il commandait l'armée d'Anatolie, a fait jouer la mine pour la destruction complète des ruines des anciens palais des rois d'Arménie dans la ville d'*Ani*, magnifiques ruines qui remontent à l'époque de Pompée. Le pacha écrivait à son gouvernement qu'il était nécessaire de détruire ces antiquités, qui

______

(1) Voyez les faits énumérés dans la brochure : *Lettre sur la crise d'Orient et l'état actuel de la Turquie*. Paris, Borrani et Droz, novembre 1853.

perpétuaient dans le souvenir du peuple arménien le sentiment de son ancienne gloire et de sa nationalité. Si le Parthénon et le temple de Thésée existent encore, c'est que les Turcs étaient barbares à l'époque de leur domination en Grèce. Les Turcs civilisés de nos jours auraient détruit ces monuments, qui en effet ont contribué à l'affranchissement de la Grèce, comme l'église de Sainte-Sophie est à juste titre appelée le *palladium* de la religion, en contribuant, sous l'emblème du croissant même, à perpétuer dans tout l'Orient le souvenir de l'empire de la croix.

Il y a aussi des Turcs, et le nombre n'en est pas grand, qui reviennent de l'Europe sans y avoir perdu leur religion; ceux-ci se distinguent par un fanatisme plus passionné, en proportion de la jalousie haineuse dont ils sont animés contre la société chrétienne, et d'un lugubre pressentiment de la fin prochaine de la domination ottomane.

X

Les essais de résurrection que l'on tente aujourd'hui en Orient, sous prétexte d'y reconstituer un corps social assez puissant pour y servir de barrière à la Russie, ces essais se font-ils au profit de la race turque, qui a survécu à son existence politique, comme survit toute race déshéritée de l'empire?

Le succès nous en a paru tellement problématique
que nous avons douté de la franchise même de ces
essais. Cette race conquérante, qui prodigua pendant
des siècles les efforts de son activité et de son génie à
l'œuvre de la destruction et à l'assouvissement du plus
implacable fanatisme, qui faisait couper la langue à
toutes les mères grecques et arméniennes de l'Asie Mineure, pour forcer la nouvelle génération à parler le
turc et à se convertir plus facilement à l'islamisme, cette
race qui, malgré les supplices et la loi de l'esclavage,
n'a cependant pas pu faire disparaître les nationalités
asservies, cette race, dis-je, est condamnée par ses antécédents mêmes à une impuissance absolue, aujourd'hui
qu'il s'agit pour elle, arrivée à l'âge de la décrépitude
et de la mort sociale, de remédier aux maux qu'elle
a enfantés.

Prétend-on aujourd'hui imposer la résignation chrétienne aux Orientaux? Se flatte-t-on que les haines, accu-
mulées durant quatre ou cinq siècles d'une oppression
intolérable, se transformeront soudain en dévouement
pour l'oppresseur, pourvu que l'oppression change de
forme aux exhortations de la France et de l'Angleterre?
Telle était néanmoins la portée du conseil adressé, l'année dernière, à la Porte par lord Redcliffe, et qui figure
dans les documents de l'époque sous forme d'instructions au drogman anglais. L'ambassadeur disait à la
Porte qu'elle ne devait pas compter sur l'assistance permanente des grandes puissances pour le maintien de

son autorité; que la race dominante est désormais impuissante et insuffisante à la tâche, et qu'il faut à tout prix attirer les sympathies des raïas.

Ce langage est, en tout point, conforme à nos convictions et à nos théories; nous croyons seulement que tous les conseils que vous adresserez à un aveugle, pour qu'il trouve son chemin dans les champs, sont en pure perte; aussi se charge-t-on de le conduire attaché à une corde, et on le conduit assez rudement. Mais confie-t-on jamais à un aveugle la garde et la conduite d'un troupeau? On a vu de quelle manière les autorités turques et toute la race dominante et gouvernante, sous les auspices du renégat qui commande l'armée de Romélie, s'est mise à l'œuvre pour exécuter le conseil anglais. Ses cruautés inouïes, que les journaux de France n'osent pas enregistrer, et qu'un consul anglais a relevées dans une énergique protestation (1), des cruautés et des exactions impossibles à décrire ont poussé au désespoir la population grecque de la province, et ont provoqué des révoltes qu'on affecte d'attribuer aux instigations de la Russie, tandis que ce mouvement intempestif et impuissant ne pouvait que contrarier et l'action politique de la Russie et ses plans de campagne. Le gouvernement russe n'a pas encore été réduit à cette extrémité d'appeler, en désespoir de cause, la révolution à son

____

(1) La lettre de M. Saunders, consul anglais, qui a été publiée dans plusieurs journaux, fait plus d'honneur à son caractère personnel qu'à la politique de son gouvernement.

secours. Ces accusations rejaillissent sur les diplomates qui, en faisant rejeter par la Porte les propositions russes, ont rendu les Turcs plus ombrageux que jamais à l'égard des raïas chrétiens. L'homme rejette toujours ses fautes sur les autres, et s'érige en accusateur pour s'en disculper.

XI

Nous avons dit plus haut que la diplomatie de l'Occident a acculé la Russie à un abîme, où elle ne voit que ruine et décadence ; mais, à son tour, l'Occident se trouve sur le bord d'un gouffre qu'il ne peut combler qu'en y précipitant les populations orthodoxes de l'Orient en holocauste à la déesse *Ananké,* cette furie du paganisme moderne qui s'appelle en diplomatie *nécessité politique.*

Et quand même les chrétiens, dans leur impuissance, se résigneraient à l'abnégation que vous leur prêchez si charitablement, la race privilégiée au profit de laquelle on allume ce vaste incendie, on ébranle toutes les fortunes publiques et privées de la chrétienté, et en faveur de laquelle les démagogues conspirent en Orient comme en Occident, cette race se résignerait-elle à abdiquer pouvoir, sécurité et conservation, en acceptant bénévolement, en compensation de tant de priviléges, votre offre de nivel-

lement et d'égalité civile et politique avec des races
esclaves, vouées au travail, au mépris et à l'oppression ? Nous avons la conviction qu'elle ne s'y résignera
pas. L'Osmanli est perfide par sa nature, ou plutôt par
la nécessité séculaire de son rôle d'oppresseur ; car il est
condamné par la loi même de la conquête, qui traça au
nom de la religion une barrière infranchissable entre
lui et le raïa, il est condamné à comprimer des peuples
plus puissants que lui ; il est perfide selon le dogme
d'une religion qui prescrit la dissimulation envers l'ennemi, et qui ordonne de traiter comme ennemi politique toute nation qui n'est pas musulmane (1). Mais
il n'est pas lâche ; il n'est pas assez civilisé non plus
pour accepter le repos en échange de son héritage de
domination. Les exhortations que vous lui adressez
depuis un an, en l'encourageant à résister à ce que
vous avez appelé les empiétements de la Russie, l'ont
trop fanatisé pour qu'il se résigne au rôle passif que
vous lui faites dans l'Orient restauré. Il n'est pas lâche,
et il a prouvé son courage farouche à Sinope et sur le
Danube. Vos hommes d'État, vos ambassadeurs et vos
agents connaissent assez le Turc et ses dispositions
actuelles pour ne plus se faire d'illusion quant à son
aptitude à pratiquer les vertus qu'on lui enseigne. Le
raïa — objet de son mépris traditionnel, objet d'une

(1) Proverbe turc : *Lèche la main que tu ne peux pas mordre.* En
Orient, plus que partout ailleurs, les proverbes forment un code de
sagesse nationale.

haine plus implacable que jamais, depuis qu'il voit dans cette race abjecte la cause ou le prétexte de ses souffrances actuelles, — ce raïa, qui, de son côté, a tant de vengeances à exercer, n'est pas destiné à fraterniser avec le Turc dans la nouvelle Arcadie orientale dont on flatte l'imagination crédule de l'Occident.

XII

Les diplomates ne sont pas sincères lorsqu'ils prêchent aux Turcs l'égalité des droits. Il serait par trop naïf de croire qu'il est possible de remanier, par des conseils et par des firmans, l'éducation morale et politique de toutes les races de l'Orient. Et parce que, par un suprême effort de la conscience de tout un peuple chrétien et civilisé, l'émancipation catholique a pu s'accomplir en Irlande, il y a des gens assez peu instruits des choses de l'Orient pour établir des analogies absurdes et pour croire à la possibilité de l'affranchissement des chrétiens sous le régime turc. Encore voyons-nous que l'ilotisme de l'Irlandais n'a pas beaucoup gagné depuis la réforme. L'Église catholique est toujours opprimée dans le royaume-uni, tandis que l'Église anglicane elle-même y succombe sous le fardeau de ses priviléges. C'est une expiation plus ou moins longue que la justice divine inflige à tout gouvernement, à toute nation qui a voulu inscrire dans son code temporel l'anathème d'une croyance spirituelle contre une autre croyance spirituelle, sous forme d'inégalité des droits civils et politiques et de privilége de culte. On comprend l'agitation populaire sous l'influence de la lutte religieuse ; mais malheur au législateur qui trahit les principes du droit éternel de l'homme dans sa liberté de conscience en faveur ou sous l'empire de l'agitation fanatique d'une époque. Nous avons mieux compris et moins déploré, dans l'histoire de France, la Saint-Barthélemy que la révocation de l'édit de Nantes. Après un travail de deux siècles de civilisation et d'un quart de siècle du développement du principe de l'égalité, posé par la révolution de 1789, nous voyons les massacres de 1814 et 1815 entre catholiques et protestants, dans le midi de la France. Un corps politique puissant, mais mal constitué, la Pologne, a péri dans sa lutte contre ses *dissidents*. L'Allemagne, de son côté, a fait la plus grande guerre de religion que les temps anciens et modernes aient vue. Elle y a versé des torrents de sang, et elle en a conservé un long héritage de haines. Mais grâce à la sagesse des législateurs dans la plupart de ses États, elle a, de bonne heure, fait disparaitre de ses codes l'inégalité des droits civils et politiques entre les deux cultes rivaux, et elle s'est mise à l'abri de cet élément délétère. La Russie, cette fille cadette de la civilisation moderne, a eu le bonheur inappréciable de proclamer, à l'heure même de son entrée dans la famille des États européens, la plus complète égalité de droits entre tous les cultes; les musulmans même y jouissent de ce bienfait, de ce droit plutôt, malgré les antécédents de leur ancienne domination, malgré l'oppression exercée par l'islamisme sur les Églises chrétiennes aux frontières méridionales de l'empire, en Turquie comme en Perse. Ce sont là des gages de sécurité pour l'avenir.

En présence de ces enseignements historiques, dont l'évidence demeure incontestable, peut-on espérer de voir jamais vivre en paix les chrétiens et les musulmans sous un gouvernement dont l'essence est purement théocratique, et dont la législation n'a d'autre source que le Coran, ce code dont l'intolérance surpasse même celle du judaïsme? Les efforts tentés par le gouvernement ottoman dans la voie de la tolérance, fussent-ils même spontanés, sincères et persévérants jusqu'à l'abnégation, sont condamnés à l'impuissance sous l'écrasant fardeau que les vices du passé lèguent au présent et à l'avenir. Les générations sont solidaires, selon la loi divine, de l'héritage de leurs ancêtres; et l'histoire politique du monde est là, avec ses expiations, pour confirmer cette loi éternelle.

Les instructions officielles adressées à la Porte par lord Redcliffe sont évidemment destinées à produire de l'effet en Occident, au parlement comme sur le peuple anglais, à justifier et à établir aux yeux du monde une cause plus ignoble encore qu'elle n'est impossible; cause dont ce diplomate s'est constitué le champion, en provoquant une guerre contre la Russie, et réalisant ainsi ce beau rêve de toute sa vie politique.

Les firmans que la Porte prépare en ce moment sous la dictée de l'Europe, qui admettent le témoignage chrétien, les tribunaux mixtes, l'accès aux emplois, et qui impliquent l'égalité civile, ne sont que des échantillons de style et de calligraphie turcs, comme la plupart des firmans du règne actuel. Et à quoi bon tous ces firmans et tout ce travail? L'égalité de droits de tous les sujets du sultan est consacrée par l'acte de *Gulhané*, qui porte la date de 1839. Nous avons vu l'application de ces magnifiques promesses durant quinze années, et voilà où elles ont conduit l'empire!

XIII

Celui qui a parlé avec sincérité et connaissance de cause sur la portée et sur les résultats de la tolérance religieuse, par rapport à la puissance ottomane, ce n'est pas l'ambassadeur que nous venons de citer, mais son compatriote M. Worms, qui prêche franchement l'oppression et l'avilissement du chrétien, comme unique condition de force et de durée pour l'empire turc. On nous dira que c'est une monstrueuse théorie; nous n'en disconvenons guère; mais elle a en sa faveur la présomption de l'expérience et d'une appréciation

pratique des éléments constitutifs de l'État musulman.
Elle s'appuie sur l'histoire, et vous signale comme premier symptôme de la décadence de l'empire l'abandon
du système de recrutement des janissaires par les enfants chrétiens, enlevés dès l'âge le plus tendre à l'Église
nationale et au foyer domestique, pour être élevés mi-
litairement dans les casernes de l'*Orta*. Sans partager
les regrets du savant publiciste turcophile pour l'a-
bandon de cet usage, nous partageons néanmoins ses
convictions. L'empire ottoman ne pourrait prospérer et
exister qu'à de telles conditions; car il est constaté, et
toutes les statistiques en font foi, que la polygamie, ce
privilége de la race ottomane, ne contribue guère à
augmenter la population. La race qui en jouit est vouée
à une décroissance progressive, malgré l'importation
des esclaves circassiens des deux sexes, malgré les centaines de mille esclaves grecques qui ont peuplé en
dernier lieu les harems des vrais croyants. On sait que
la polygamie enfante d'autres vices, qui dominent chez
le Turc, chez les femmes surtout, et qui détruisent la
séve de l'humanité. Voyez l'Égypte et lisez l'histoire
de cette contrée si puissante, si pleine de vie sous les
Lagides et sous les Romains, sous le califat arabe même.
A la décadence du califat, elle devint la proie des Mameluks. On sait que la milice des Mameluks se recru-
tait dans le marché des esclaves, et que le Caucase, la
Géorgie chrétienne, la race si éprouvée des Arméniens,
enfin toute la région du bassin de la mer Noire, four-

nissait annuellement de cinq à dix mille enfants mâles que les beys mameluks achetaient pour les élever dans leur religion et les incorporer dans leur milice. Cette milice formait une noblesse militaire et féodale, dont le fief était l'Égypte entière, et qui avait pour parchemin son contrat de vente, signé par un marchand d'esclaves. La fourniture de chair humaine à la domination d'un vaste royaume et à la religion de Mahomet, a duré six siècles sans interruption. L'expédition française de 1798 a admiré la vigueur et l'héroïsme des Mameluks. Décimée et paralysée par les Français, la milice mameluke fut complétement détruite, quelques années plus tard, par Méhémet-Ali. En disparaissant ainsi du sol de l'Égypte, elle n'y a pas laissé de traces ; et certes c'est un fait unique dans l'histoire du monde, que cinq à six millions d'hommes jeunes et vigoureux de la race caucasienne, race privilégiée par la nature, aient successivement, dans l'espace de six siècles, mené une vie de bacchanales, de domination, de plaisirs effrénés et de combats, sans laisser aucune postérité : et cela dans un pays où les végétaux et les animaux sont fabuleusement productifs. Qu'on ne croie pas que les descendants de cette race aient été absorbés par la race indigène ; il est certain, et ce fait est connu de tous ceux qui ont étudié l'Égypte, que les Mameluks n'avaient presque pas d'enfants, ou que leurs enfants mouraient en bas âge. On sait d'ailleurs que durant cette monstrueuse domination, soit avant, soit après le conquérant Sélim Ier, la population de l'Égypte même a diminué de moitié. La réforme du régime égyptien par Méhémet-Ali a été couronnée d'un grand succès apparent, parce qu'elle s'est accomplie dans le sang et dans la destruction, seuls gages de succès dans les réformes de l'Orient ottoman; mais en réalité les conditions administratives de l'Égypte n'ont pas changé; la milice mameluke a été remplacée par les Osmanlis que le génie de Méhémet-Ali et sa prodigieuse fortune ont attirés sous ses drapeaux du sein de la race privilégiée de l'Orient.

Nous livrons ces faits si significatifs à la méditation du profond observateur M. Worms; ils viennent à l'appui de sa théorie, et établissent, de la manière la plus irréfragable, la nécessité d'entretenir dans l'ilotisme les quinze millions de chrétiens de l'Orient, d'enlever les enfants à leurs mères, de favoriser l'apostasie et le commerce des esclaves pour alimenter l'existence politique de l'empire, ou plutôt d'un vampire qui, en expiation de ses crimes et de sa grandeur passée, est condamné à se survivre à lui-même et à sucer le sang des peuples abandonnés à sa voracité par l'égoïsme politique de l'Occident.

XIV

L'homme que nous venons de citer a eu le courage de son épouvantable théorie; courage littéraire. C'est un trait essentiel de notre époque, qu'aucun courage n'a fait défaut à la littérature et à la philosophie. Les utopies les plus brillantes, les plus vertueuses, comme aussi les blasphèmes les plus abominables contre Dieu et l'humanité, s'épanouissent en prose et en vers au foyer littéraire et philosophique de l'Europe du xixe siècle, chrétien de nom et de date. Les Voltaire et les Rousseau du xviiie siècle ne sont plus que de l'eau sucrée en comparaison des boissons fermentées qui alimentent la séve de notre génération. Pourquoi donc les hommes politiques de l'Occident n'ont-ils pas aussi le courage de l'immoralité de leurs desseins, et ne proclament-ils pas au grand jour, en face de Dieu et des nations, que les rivalités politiques et l'intérêt mercantile, le veau d'or, qui remplace l'arche de la foi antique sur les autels de la religion industrielle du xixe siècle, imposent à l'Occident la nécessité de prolonger à tout prix le chaos politique de l'Orient, et d'y perpétuer le crime de l'Europe du xve siècle, pour ne pas se priver d'un sol et d'une nation à exploiter?

Et ce calcul même est faux; car si l'on n'était pas

aveuglé par l'intérêt sordide du moment et par les haines et les jalousies politiques, on aurait acquis bientôt la conviction que l'Orient rendu à son élément chrétien, et se développant par le génie de ses races indigènes, offrirait au commerce du monde entier des bénéfices plus grands et plus sùrs que ceux du tarif turc et du système économique de ce pays. Nous engageons les personnes qui s'occupent spécialement de ces sortes de questions à comparer les tableaux d'importation et d'exportation du commerce européen dans les principautés du Danube, depuis l'organisation politique dont ces provinces ont été dotées par la Russie en 1832, non-seulement avec les tableaux des années antérieures à cette époque, mais aussi avec ceux de toute autre province placée sous le régime direct de la Porte. On sait que le prix de la terre, et par conséquent la richesse publique, a décuplé en vingt ans dans les Principautés.

Pour résumer notre pensée, quant au progrès réel de la réforme en Orient, de ce travail qui n'enfante que misère et destruction, nous n'y croirons. et nous ne croirons non plus à la sincérité des conseils officiels qu'on adresse à la Porte, que lorsque de déduction en déduction et de concessions en concessions on sera parvenu à persuader aux Turcs de se faire chrétiens, et à imposer le baptême grec. celui de l'immense majorité de la population, au sultan, aux ulémas, à l'armée, à tous les propriétaires du sol. Ce serait une analogie de plus avec la pression de l'Occident sur l'empire chrétien de Byzance, et avec les essais tentés au xve siècle pour imposer le dogme latin à l'empereur et au clergé de Constantinople. Ce serait en effet agir envers les Turcs avec plus de franchise et plus de dignité. Mais nous doutons que les Turcs poussent l'obéissance et le zèle de la réforme, ainsi que l'amour du prochain, comme on le leur prêche, jusqu'à cette dernière extrémité de l'apostasie que leur loi punit de mort. Ils regrettent au contraire de ne pas être assez forts pour convertir l'Europe entière à l'islamisme, comme ils l'ont essayé jadis. D'ailleurs, cette hypothèse, la conversion des Turcs au christianisme, selon le rit grec, hypothèse que nous considérons comme impossible à réaliser, serait en même temps contraire aux intérêts de l'Occident : car la Turquie deviendrait alors l'alliée naturelle de la Russie. Quant au dogme latin ou protestant, le sultan ne risque pas non plus d'entendre cette proposition, grâce à la rivalité qui sépare sous ce rapport ses deux alliées actuelles.

En tout état de cause, nous livrons à l'appréciation plus pratique du ministère anglais l'idée de la conversion des Turcs au christianisme. C'est peut-être une idée à mettre en avant et à exploiter, comme on a exploité dans le temps celle de la conversion des Juifs, pour prendre pied en Palestine et y établir le centre d'une nouvelle activité politique. Nous en avons parlé dans un des précédents chapitres. Notre idée de la conversion des Turcs est plus grande, plus neuve et plus séduisante que celle-là. Le peuple anglais l'accueillerait avec transport, et payerait de bon cœur quelques millions de livres sterling pour la continuation d'une guerre qui se ferait dès lors, au moins en apparence, sous un plus noble drapeau.

CHAPITRE CINQUIÈME.

Firmans de la Porte et blasphème contre l'islamisme. — Seule utilité pratique des négociations en faveur des chrétiens. — Utilité du crime. — La terre, et l'homme, roi de la terre. — Destinées de l'empire latin de Constantinople. — Les races chrétiennes de l'Orient.

I

En présence des faits que nous venons d'indiquer, on ne nous accusera pas de méfiance intentionnée à l'égard des promesses actuelles de la diplomatie et des déclamations d'une partie de la presse en faveur des chrétiens d'Orient. Les négociations si pompeusement entamées à Constantinople pour obtenir de la Porte quelques concessions, n'aboutiront, on le croira bien, qu'à quelques feuilles de papier longues d'un mètre, écrites en cochenille et en or, et ornées du chiffre du sultan et de son *autographe sacré*, selon le pieux langage de la chancellerie turque. Nous avons déjà exposé notre opinion sur la valeur de ces firmans. D'ailleurs, en stricte justice, ces efforts hypocrites des alliés de la Turquie ne sont qu'une violence inqualifiable envers le calife d'Orient. Oubliez-vous donc qu'avant tout il est calife, *vicaire du prophète* et gardien-né de la vraie foi, de l'orthodoxie musulmane? Ce titre fait son autorité sur les vrais croyants, et, à l'heure qu'il est, c'est la seule qui lui reste; et vous lui imposez l'hérésie en l'invitant à signer l'égalité des droits entre les vrais croyants et les infidèles. C'est un blasphème contre l'islamisme, et votre crime serait puni de mort en pays musulman. C'est la même hérésie que de réclamer du pape, vicaire du Christ et chef de la catholicité, d'admettre dans le sacré collége des cardinaux protestants ou grecs, turcs ou juifs.

II

Mais vous ne croyez pas plus que nous au succès de vos efforts. Quant à la confiance que peuvent inspirer vos promesses aux populations chrétiennes de l'Orient, ainsi qu'aux amis de l'humanité dans l'Occident et en Angleterre même, nous croyons qu'on aura eu soin de prendre note des aveux si *puniques* de lord Aberdeen; les voici : «Vous nous accusez, messieurs de l'opposition, « d'avoir montré de la faiblesse à l'égard de la Russie. Fé-

« licitez-nous, au contraire, d'avoir réussi à lui inspirer
« assez de confiance, par un semblant de négociation,
« pour lui faire perdre un temps précieux. Nous ne nous
« sommes pas rendus coupables d'une franchise de pa-
« roles et de procédés qui aurait porté la Russie à finir
« son procès oriental sans nous et malgré nous, en peu
« de semaines. »

De même, le moment viendra où un ministre anglais
dira aux Chambres que les négociations en faveur des
chrétiens étaient nécessaires pour prolonger la période
actuelle de la crise, pour tromper et paralyser le mouvement de ces nations, jusqu'à ce que les opérations
stratégiques et l'occupation territoriale et maritime donnent les moyens de les comprimer.

Ou bien devons-nous croire qu'on respecte encore
assez l'opinion du monde, qu'on a encore assez de pudeur pour ne prêter aux Turcs qu'une assistance morale, selon la formule consacrée du langage diplomatique
(car la moralité du fait est inadmissible)? On s'abstien-
dra peut-être d'intervenir directement et à coups de
canon dans une lutte nationale en Orient, lutte qui
offrirait de grandes analogies avec la guerre de la Péninsule, et qui ferait aussi surgir du sol des défenseurs
héroïques de la nationalité et redoublerait l'influence
morale de la Russie et ses moyens d'action. Les deux
gouvernements occidentaux ont l'expérience de leur
attitude respective dans la guerre d'Espagne, et peuvent
facilement calculer les avantages que la Russie trouve-

rait dans une situation analogue à celle de lord Wellington contre les armées de Napoléon. Il serait donc
plus aisé de laisser faire les Turcs, et lorsque ceux-ci
auraient réussi à étouffer le soulèvement de la Romélie
dans un nouveau déluge de sang chrétien, le parlement
accepterait une nouvelle édition de la doctrine en vogue
des droits imprescriptibles et souverains du sultan, avec
l'addition des lois et usages en vigueur dans l'empire
ottoman pour la répression de l'anarchie. Le *Morning
Chronicle*, cet avant-coureur des opinions secrètes du
cabinet, est déjà chargé de la tâche de sonder les dispositions du public à cet égard, et de préparer les voies
aux aveux ultérieurs; il sème les calomnies les plus
révoltantes contre les populations orthodoxes de l'Orient,
et surtout contre les Grecs tant du royaume hellénique
que de l'empire, et contre le clergé et l'Église grecs. Ce
journal devient conservateur et trahit sa vocation; mais
avant tout il est patriote dans l'intérêt britannique. Il
abonde aujourd'hui dans le sens des théories accréditées
en 1821 par le prince de Metternich, qui voulait persuader aux cabinets d'Europe et à l'empereur Alexandre
lui-même, qu'il y avait communauté de vues et solida-
rité de principes entre les carbonari, qui conspiraient
contre l'ordre public, et les Grecs, qui luttaient contre
l'oppresseur de leur foi.

III

Mais il ne s'agit pas de faire de la morale, il s'agit des grands intérêts politiques et commerciaux de l'Occident: il ne s'agit pas du sultan lui-même, réduit à l'état d'une fiction, d'un prétexte, tout au plus d'une théorie. Il s'agit du partage le plus avantageux de la succession orientale, de l'éventualité d'un nouvel empire latin, ou bien il s'agit de renverser l'influence russe en Orient et d'enlever à la Russie le bassin de la mer Noire. On peut bien se permettre quelques petits crimes pour parvenir à de grands résultats. Nous avons eu déjà l'occasion d'observer que, dans la question d'Orient, qui se débat en théorie depuis un quart de siècle et qui aujourd'hui donne lieu à une grande guerre de nature à en ajourner la solution ; nous avons eu déjà l'occasion, disons-nous, d'observer qu'on y a toujours mis en première ligne la position géographique de Constantinople et l'importance de ce point *où les deux mondes, l'Orient et l'Occident, se regardent face à face et se donnent la main par-dessus le fameux détroit.* La poésie elle-même a épuisé ses métaphores pour venir en aide aux conceptions les plus subtiles et les plus hardies de la science politique, qui est fondée sur la configuration des mers et des rivages de notre planète, et qui considère le globe comme un marché du

génie mercantile et industriel, de cette divinité du siècle. Nous ne disconvenons guère de l'importance commerciale de ce point : nous nous permettrons seulement
de faire observer que, dans ces appréciations singuliè-
rement exagérées, on a un peu perdu de vue l'homme
lui-même ; on le dit cependant roi de la création. On a
perdu de vue ces populations auxquelles Dieu a assigné
pour séjour les rives fortunées du Bosphore et de
l'Hellespont. Les destinées politiques de ces races, de-
venues autochthones à force d'antiquité et de souffrance,
des Grecs et des Bulgares. maîtres du pays de par la
loi de Dieu, malgré la domination passagère des Osmanlis, qui ont *campé en Europe*, selon l'expression
si vraie de Bonald. ces destinées mériteraient cependant une étude plus approfondie à l'époque où les esprits
sont justement préoccupés de l'avenir de ces contrées.

IV

L'étude que nous ne faisons qu'indiquer aux hommes politiques révélerait une longue perspective de
déceptions aux dépens de celui qui viendrait du Nord
ou de l'Occident recueillir l'héritage ottoman. Des générations d'hommes et des flots d'or seraient absorbés
avant que l'héritier pût réaliser ce legs si brillant en
apparence. Quant à l'espoir d'en jouir en paix et d'en

tirer profit au bout d'un demi-siècle même, cet espoir
est pour le moins très-problématique. Nous renvoyons
tout esprit sérieux qui nous accuserait de paradoxe à
la lecture des documents historiques de l'Orient et de
l'Occident, qui se rapportent à l'époque de l'empire
latin de Byzance. Les misères de cet empire n'ont été
sans doute que la juste expiation d'une conquête frau-
duleuse ; son existence orageuse et éphémère n'a laissé
d'autre trace que cette défiance traditionnelle des races
orientales à l'égard de la domination spirituelle ou
temporelle de l'Occident ; défiance qui s'est manifestée,
deux siècles après, durant la dernière période si lugubre de la lutte contre l'invasion musulmane, dans le
refus des Orientaux d'accepter le symbole de Florence
et l'assistance armée de l'Occident. L'Orient a préféré
alors le martyre à la perte de son indépendance religieuse. De nos jours, tous les efforts de la propagande
occidentale parmi les populations grecques ou slaves,
soumises au joug ottoman, comme en Grèce, malgré la
sympathie si légitime des Hellènes pour la France,
malgré la prostration de l'église de Constantinople, sont
condamnés à la stérilité et sont considérés comme une
persécution plus cruelle encore que celle des Turcs.

V

La conquête, dans le moyen âge, était armée du droit féodal, et c'est moyennant ce droit qu'elle a pu s'établir d'une manière durable partout ailleurs qu'en Orient. Nous citerons le royaume de Naples, l'Angleterre, la Prusse, etc. Or, la loi féodale qui expropriait les peuples conquis au profit du conquérant, les réduisait en servage et abrutissait l'espèce humaine ; cette loi, pratiquée en Orient avec la plus implacable persévérance par les croisés, ne peut plus être restaurée et ne saurait rien créer.

Invoquerez-vous la civilisation, cette civilisation exotique qui dénationalise les peuples et prétend les élever ou les dégrader à l'état cosmopolite? Ce serait méconnaître le caractère des peuples orientaux. Voyez plutôt les Grecs qui vivent, de génération en génération, au milieu de nous, sous nos lois, sous l'empire des mêmes éléments qui façonnent le caractère de l'individu et de la commune : ils ont conservé tous les traits de leur nationalité distincte à Londres comme à Marseille, à Vienne comme en Italie. En Orient, qu'est-il resté de la domination séculaire des Vénitiens et des Génois, si ce n'est des châteaux démantelés? Ni langue, ni lois, ni église, ni mœurs publiques ou pri-

vées, ni trace aucune d'une domination occidentale.
Non, vous ne façonnerez pas à votre système gouver-
nemental l'éducation politique des Grecs, des Bulgares,
des Serviens, des Albanais, des Monténégrins, des Bos-
niaques. Ces races fortes, sobres, intelligentes et aven-
tureuses, prolongeront contre vous la lutte héroïque
qu'elles ont su entretenir pendant quatre siècles contre
les Osmanlis et contre un gouvernement armé de
moyens d'action bien autrement puissants que ceux dont
vous pouvez disposer. Les Albanais, dont une partie a
été entraînée à l'apostasie même par l'amour des armes,
n'en sont pas moins une pierre d'achoppement pour
toutes les réformes turques. L'Albanais se fait soldat
par instinct guerrier, mais certes il n'a jamais accordé
la moindre sympathie à la cause du conquérant; il n'attend qu'un changement dans les destinées politiques de
l'Orient pour déserter le prophète de la Mecque. L'impossibilité même de la fusion de ces races, sous l'empire
de Byzance comme sous celui de Stamboul, et leur rivalité réciproque dans tous les intervalles de la lutte
contre l'ennemi commun, révèlent une surprenante persévérance dans le caractère particulier à chacune d'elles.
Elles ont traversé la domination musulmane sans périr,
et elles ont puisé dans ce cataclysme même une vitalité
nouvelle, qui ne fait que se retremper à chaque crise
politique. Ces races, si obstinées dans la conservation
de leurs nationalités distinctes, offriront un obstacle
impérissable à toute tentative de fusion avec le conqué-

rant, à toute conquête permanente, à toute solution du problème oriental, en dehors du droit fondé sur la nationalité, sur les épreuves du passé et sur l'espoir légitime de l'avenir.

L'appréciation de ces faits historiques et de ces forces contemporaines acquises au droit public du monde, nous paraît de nature à réduire à sa juste valeur l'importance politique de la conquête de Constantinople. L'empereur de Russie a fait preuve d'un grand tact, d'une grande science des faits, en proposant une occupation provisoire de Constantinople, au lieu d'en ambitionner la possession au profit de son empire ou de sa famille.

CHAPITRE SIXIÈME.

CONCLUSION.

La Turquie, l'Angleterre, la France, la Russie et l'Allemagne.

I

Nous ne prétendons pas offrir une solution du problème oriental ; nous l'avons dit en abordant ce travail, la tâche est au-dessus de l'intelligence humaine. Puisqu'il s'agit de régler le sort des peuples d'Orient, et puisque l'empire turc, comme corps politique, n'est plus qu'une fiction, il faut attendre les résultats matériels de la guerre actuelle, la manifestation des décrets d'en haut, qui font la loi suprême des nations.

Les chances de la guerre ne sont pas à prévoir : nous laissons aux ministres anglais et à l'amiral Napier la responsabilité de leur prophétie. Ce que nous voyons, c'est que la guerre, qui n'est pas encore déclarée à l'heure qu'il est, non-seulement est inévitable, mais encore est devenue nécessaire à la Russie aussi bien qu'à la France et à l'Angleterre.

Chacune de ces puissances est acculée, comme nous l'avons dit, à un abîme. Quant à la Turquie, ce n'est point un abîme qu'elle a derrière elle, mais elle se trouve adossée à une muraille inébranlable et infranchissable, sur laquelle on voit flotter l'ombre d'un drapeau portant pour devise : *Intégrité, indépendance, droit de souveraineté;* à mesure que l'on approche de la muraille, à travers des ruines et des mares de sang, on n'aperçoit plus en réalité qu'un fantôme.

II

Mais qui répondra un jour, au tribunal suprême, pour tout ce sang que les nations chrétiennes vont répandre par torrents? Ce n'est pas la malheureuse Turquie, elle est hors de cause; ce n'est pas la Russie, nous l'avons prouvé par l'appréciation de ses intérêts, de même que par les faits dont la succession agressive et préméditée, de la part de sa rivale, lui a imposé la situation actuelle. Ce n'est pas même la France, malgré les fautes de son gouvernement personnel, fautes que ce gouvernement ne tardera pas à reconnaître; le sentiment national du pays en est garant.

Toute la responsabilité de cette guerre retombe sur quelques hommes d'État de l'Angleterre, parmi lesquels figurent en première ligne lord Redcliffe et lord Palmerston, qui, tout en se détestant cordialement, ont de longue date travaillé d'un commun accord pour pousser leur patrie à la guerre. Leurs collègues sont plutôt complices que promoteurs. La nation anglaise a été égarée par l'exagération même de l'instinct de ses intérêts matériels. L'opinion publique de l'Europe — nous n'entendons pas celle de la multitude irresponsable et aveugle, propagatrice et victime de tous les mensonges, de toutes les erreurs qui entachent notre temps, nous entendons l'opinion des hommes éclairés et vertueux, ayant le courage de résister au vertige de la popularité, —cette opinion a fait, depuis quelques années déjà, justice de ces deux hommes, dont nous citons les noms à la barre de la postérité. Quant à la nation anglaise et à son gouvernement, nous n'entendons pas les absoudre. En moins d'un demi-siècle, l'Angleterre a déshonoré *cinq* pages de son histoire : en 1807, par le bombardement de Copenhague; en 1815, par la brutalité du traitement infligé au Prométhée de Sainte-Hélène : ce n'était pas même un crime utile que la torture morale d'un ennemi vaincu, qui venait « s'asseoir au foyer du peuple britannique » et se mettait « sous la protection de ses lois; » en 1819, par la vente de la ville chrétienne de Parga, avec son territoire, à Ali, pacha de Janina;

en 1839. par la guerre de Chine; en 1849, par son
agression contre la Grèce.

Les deux premiers faits que nous venons de citer ont
été jugés par l'histoire; le sentiment du peuple anglais
lui-même en a fait justice. Le troisième n'a pas trouvé
un seul avocat en Angleterre même; la muse de **Byron**
en a immortalisé la flétrissure; les publicistes l'ont
passé sous silence par pudeur. Ce n'était pas seulement
une infraction au droit des gens, aux prescriptions des
traités. en vertu desquels l'Angleterre était constituée
protectrice des îles Ioniennes, mais n'était nullement
investie du droit d'aliéner leur territoire ; c'était simplement une vente d'un petit pays chrétien, pour la
somme de cinq cent mille dollars, à un pacha dont le
souvenir fait encore frémir l'Orient. On sait que les
habitants de Parga. ayant obtenu la permission de
quitter leur ville natale avant l'entrée de la garnison
turque. ont enlevé du cimetière les os de leurs pères
et les ont brûlés sur la place publique. n'emportant
que les images de leurs églises.

La guerre de la Chine a donné lieu à plus d'une plai-
santerie : mais ces plaisanteries. réduites à leur morale.
offrent la thèse suivante comme motif de la guerre :

« O empereur de trois cents millions d'êtres humains.
« j'ai besoin de votre thé et de votre soie. et j'espère
« réaliser de beaux bénéfices par le commerce de votre
« pays. Votre peuple n'a pas besoin de mes produits :
« mais comme il ne me convient pas de payer votre

« thé en espèces, laissez-moi empoisonner vos Chinois,
« soit légalement, soit par contrebande. Acceptez mon
« opium, que je fais cultiver sur une grande échelle
« par mes Indiens ; ou bien je détruis vos villes et vos
« populations. et de plus, vous me payerez la valeur de
« la poudre que je consommerai pour vous réduire à la
« condition de buveurs d'opium. »

Sait-on, en Angleterre, qu'à la même époque un
empereur chrétien, dont on conteste aujourd'hui le désintéressement, ayant su que des négociants, attirés par
l'appât du gain, commençaient à importer, par la voie
de terre, en Chine, des quantités considérables d'opium
de l'Asie Mineure, défendit ce commerce sous des
peines sévères ? Ce fut là une protestation, au nom de
la religion du Christ. contre l'intérêt sordide et criminel
qui attirait tant de calamités sur des millions d'hommes.

Il y a déjà quatorze ans que les journaux de Hong-
kong nous entretiennent bénévolement des désastres
successifs du Céleste Empire, des massacres, des guerres
civiles, et de tous les maux que la guerre de l'opium a
déchaînés sur un monde de trois cents millions d'âmes.
Et c'est à la nation la plus inoffensive du monde. naguère
paisible et industrieuse, qu'une nation chrétienne, civi-
lisée et libérale, a fait cette guerre !

La Grèce a été attaquée. en 1849. en punition de la
prospérité croissante de son commerce et de ses anti-
pathies contre le ministère que l'Angleterre voulait lui
imposer. Un royaume chrétien, formé des débris d'une

population héroïque décimée par le fanatisme turc, aurait péri, si le peuple n'avait pas fait preuve d'une touchante résignation, en présence d'une insulte préméditée dans le but de renverser son gouvernement.

Nous n'enregistrons pas les conséquences des intrigues fomentées et entretenues dans la plupart des États européens par le gouvernement anglais. Nous nous abstenons également de pénétrer les sombres mystères qui s'accomplissent dans un immense espace entre l'Himalaya et la mer des tropiques; les gémissements de cette lente hécatombe de peuples offerte à une compagnie de marchands arrivent à peine à nos oreilles. Le crime séculaire dont l'Inde est victime, plus effrayant que jamais dans sa progression actuelle, est-il suffisamment expié par les stigmates que le climat de ce pays imprime sur les agents immédiats du crime et sur leur génération vouée à la décrépitude et à une mort précoce? Ou bien la nation anglaise croit-elle que l'observation légale et religieuse du dimanche, par la lecture de la Bible et par la fermeture des théâtres et des cabarets, est une expiation suffisante de ses péchés? Cette doctrine du mérite des œuvres serait contraire au dogme de la foi protestante.

La nation anglaise se résigne-t-elle à lire ses annales, en compulsant seulement les chiffres des profits et pertes, avec le sourire impassible d'un caissier de comptoir fort peu soucieux de la provenance des bénéfices qu'il enregistre? Sous ce rapport même, et abstraction faite de toute question morale, nous croyons encore que l'instinct du peuple anglais ne tardera pas à condamner la spéculation de cette guerre d'Orient, qui déshonore une *sixième* page de son histoire, et qui ouvre la perspective à d'autres guerres.

Ou bien nous admettrons l'hypothèse que l'Angleterre, répudiant les traditions du siècle dernier, et le système politique par lequel elle a réussi à détruire successivement les trois marines — alors ses rivales — de la Hollande, de l'Espagne et de la France, et s'attaquant aujourd'hui à la marine isolée de la Russie, n'a aucune arrière-pensée contre celles de la France et des États-Unis ! Les prétextes de guerre ne manqueront pas plus dans le nouveau monde que dans l'ancien. Il suffit d'y proclamer l'intégrité des possessions d'une monarchie qui est déjà sur la pente des destinées de la Turquie, et les droits de souveraineté d'un certain roi de carton protégé par le drapeau britannique, et revêtu de l'uniforme rouge du soldat anglais.

III

Nous dirons à la France, à la nation comme au gouvernement français : L'ambiguïté dans la politique aboutit à l'incohérence dans les actes. La guerre est quelquefois une nécessité des misères humaines. Tout un ordre d'intérêts moraux et matériels la réclame quelquefois. Elle prend alors la forme d'une conséquence fatale et inévitable, d'un enchaînement de causes et d'effets. C'est peut-être aujourd'hui le cas entre l'Angleterre et la Russie. Il est tout aussi évident, après tout ce que nous avons exposé, que ce n'est guère le cas pour la France. Ce n'est pas non plus la conséquence de la fièvre révolutionnaire de 1848. Ce n'est qu'une invasion fortuite d'idées erronées et d'opinions hasardées, qui n'ont pas plus de fondement dans les intérêts du pays que dans ses sentiments.

Au lieu de courir après le fantôme d'une conquête qui n'offre aucun gage de durée dans l'Orient de l'Europe, pas plus que dans l'Occident, que la France cherche dans la race arabe de l'Asie, race pleine d'éléments chrétiens et catholiques, une carrière d'activité bien autrement belle que celle d'Alger. Celle-ci paraît lui avoir été désignée par la Providence pour y faire ses premiers essais dans l'œuvre de la civilisation de l'Orient. Au lieu de disputer aux moines grecs quelques lampes et quelques clous autour des sanctuaires de Jérusalem, qu'elle délivre plutôt la Palestine du joug musulman, qu'elle venge ses ancêtres croisés et le souvenir de deuil de Louis IX. La tâche est noble et digne d'elle. Dieu l'accepterait comme une expiation de 1793. Ce serait le sacre du nouveau souverain.

Élu du suffrage universel et majesté très-sacrée, renoncez à l'idée vicieuse en théorie, et à jamais impraticable, d'imposer par les armes la loi d'une minorité musulmane à l'immense majorité chrétienne de la Bulgarie, de la Bosnie, de l'Épire et de la Thrace. Ne mettez pas le courage français aux prises avec les deux forces les plus incompressibles, le sentiment de l'indépendance nationale et celui de la religion. Si vous intervenez en Orient, soyez-y fidèle à votre raison d'être, à votre origine, au sentiment de la nation généreuse et chrétienne qui vous a confié ses intérêts et son bonheur. Vous n'êtes pas plus le champion de l'Angleterre que celui de Mahomet.

L'ambition et l'intérêt politique qui vous font accepter aujourd'hui le rôle apparent de défenseur d'un État faible, vous conduisent à la nécessité de devenir et l'oppresseur de ce même État et l'exécuteur de ses vengeances contre une nation chrétienne sympathique à la France.

Si l'on vous flatte de la perspective d'un trône en Orient pour un membre de votre famille, qu'on se rappelle la loi du destin, qui inscrivit l'abdication de Fontainebleau entre les lignes de ces glorieux décrets qui érigeaient des trônes pour vos parents en Hollande, en Espagne, à Naples et en Westphalie.

IV

La cause que défend l'empereur de Russie est juste,
nous croyons l'avoir constaté. Quelles que soient pour
lui les déceptions de la crise diplomatique, que nous
considérons comme terminée depuis que la question
actuelle est livrée au sort des armes, nous n'avons nul
doute qu'il persévérera jusqu'au bout dans le principe
de désintéressement dont il a fait preuve jusqu'à présent à l'égard de l'Orient. La Providence a assigné à la
Russie un beau rôle, et pour sanctifier ce rôle en raison
de son origine providentielle, l'empereur Nicolas ne se
laissera pas séduire par le prestige de la gloire militaire
et des conquêtes. Il a des conquêtes bien autrement
nobles à accomplir en Orient et en Occident, et surtout
dans ses vastes États. En Orient il doit sauver l'Église
et laver la honte de l'Europe du xve siècle, qui se reproduit, en partie du moins, au xixe. Dans l'Occident il
fera la conquête de toutes les sympathies égarées par le
travail de la démagogie et de l'Angleterre, et justifiera
l'opinion de ceux qui, comme nous, ont toujours rendu
justice, au milieu même des clameurs actuelles, à sa
noble et chevaleresque nature. Dans ses États, il conti-
nuera l'œuvre de Pierre le Grand en civilisant un peuple qui est nécessaire à l'Europe pour en compléter le

système politique, pour pondérer les influences internationales ; car en dépit des manifestations actuelles ;
les intérêts du continent de l'Europe sont ceux de la
Russie.

La France royale, républicaine ou impériale,—qu'im-
porte ? c'est à ses dépens qu'elle fait toutes ces expériences ; — la France, disons-nous, est l'alliée naturelle
de la Russie. Ces deux États sont les deux bras du corps
politique du continent. Au nom des intérêts de la famille chrétienne, ils peuvent s'unir en Orient dans
l'œuvre de la civilisation et du progrès. La plus noble
carrière s'y offre à leur activité. C'est la seule alliance,
en tant qu'elle serait basée sur le principe de la paix et
sur la conviction que toute conquête dans le sein de la
famille chrétienne n'est qu'un larcin et un déshonneur,
c'est la seule alliance qui nous garantirait les progrès
de la civilisation. Elle n'est pas de trop, hélas ! pour
mettre l'Europe entière à l'abri de l'insulte anglaise, à
l'abri d'un nouveau cataclysme anarchique.

Aux inculpations de tyrannie et d'intolérance dont la
propagande révolutionnaire a cru abreuver l'empereur
de Russie, nous avons vu ce souverain répondre par
des institutions progressivement libérales dans ses États.
L'Occident reviendra de ses préventions actuelles, et
lui décernera les mêmes lauriers que ceux dont le sentiment de l'Europe entière a couronné la mémoire de
son frère.

V

Nous avons à peine parlé de l'Autriche, de la Prusse et des autres États allemands. Il n'en est pas moins certain que, dans les complications actuelles, c'est le peuple allemand qui est le *principal intéressé*.

L'Angleterre se vante d'avoir payé des subsides à l'Allemagne lors des guerres de la république et de l'empire. A-t-on compté ce que la succession de ces grandes guerres continentales a coûté à l'Allemagne? Nous ne parlons pas de son sang le plus généreux, de ses droits les plus chers, de son honneur enfin. Ne touchons pas ces cordes, dont l'écho lointain fait frémir notre génération venue au monde à cette époque de funeste mémoire. Bornons-nous au chiffre des pertes matérielles, pour nous conformer au langage anglais et à l'idée dominante de nos jours. L'Angleterre prétendra-t-elle avoir soldé, par ses subsides à l'Allemagne, la centième partie des valeurs que ces guerres ont coûté à ce pays?

N'a-t-on pas déjà, à l'heure qu'il est, entamé l'honneur allemand par des allusions outrageantes? N'a-t-on pas voulu traiter ses gouvernements comme on ne traite qu'un mercenaire et un poltron? Et ces indiscrètes allusions se sont-elles circonscrites dans le domaine de la presse?...

La lourde épée germanique n'a pas uniquement servi de poids dans une balance pour peser de l'or.

L'analogie que nous constatons entre les circonstances politiques actuelles et l'époque de Napoléon, pourrait amener le vulgaire à en tirer la conséquence que l'Allemagne doit applaudir à ce fait phénoménal et éphémère de l'alliance anglo-française, et lui porter le tribut de ses sympathies. Ce serait confondre les noms avec les choses et les rôles avec les situations. Ce serait ne pas voir la source du mal où elle est, et elle est, nous nous flattons de l'avoir démontré, dans l'obstination de l'Angleterre à ne pas souffrir de rival et de contre-poids sur le continent de l'Europe, afin d'y pousser son influence jusqu'à l'absolutisme.

C'est donc sous les auspices de l'Allemagne, de ce cœur de l'Europe, dont les palpitations sont la vie intellectuelle et morale de ce grand corps politique, que devrait se réaliser l'alliance de la France et de la Russie. C'est là le vrai gage de la paix du monde et du progrès réel, la seule garantie efficace et sûre contre le démon de la conquête et de la révolution, contre l'influence d'une politique égoïste et envahissante au dehors par les nécessités d'une crise intérieure ; d'une politique qui tend à rendre le monde entier solidaire de la loi de son intérêt privé.

FIN.

TABLE DES MATIÈRES.

CHAPITRE TROISIÈME.

CHAPITRE QUATRIÈME.

CHAPITRE CINQUIÈME.

CHAPITRE SIXIÈME.